UNIVERSITÉ DE FRANCE — FACULTÉ DE DROIT DE LYON

DU JEU

EN DROIT ROMAIN

DE L'ASSURANCE EN CAS DE DÉCÈS

(Vie entière)

EN DROIT FRANÇAIS

THÈSE DE DOCTORAT

Soutenue le 2 juillet 1883

DEVANT LA FACULTÉ DE DROIT DE LYON

Par C. V-BARON

Avocat à la Cour d'Appel

LYON

IMPRIMERIE A. WALTENER ET Cie

14, rue Belle-Cordière, 14

1883

DU JEU

DE L'ASSURANCE EN CAS DE DÉCÈS

(Vie entière)

UNIVERSITÉ DE FRANCE — FACULTÉ DE DROIT DE LYON

DU JEU

EN DROIT ROMAIN

DE L'ASSURANCE EN CAS DE DÉCÈS

(Vie entière)

EN DROIT FRANÇAIS

THÈSE DE DOCTORAT

Soutenue le 2 juillet 1883

DEVANT LA FACULTÉ DE DROIT DE LYON

Par C. V-BARON

Avocat à la Cour d'Appel.

LYON

IMPRIMERIE A. WALTENER ET Cie

14, rue Belle-Cordière, 14

1883

CUI VOLUIT

JURY :

Président : MM. ENOU, professeur.

Suffragants :
- GARRAUD, professeur.
- AUDIBERT, professeur.
- COHENDY, agrégé.
- SAUZET, agrégé.

DROIT ROMAIN

DU JEU

Un auteur ancien, Scaccia, croyait devoir préciser en termes généraux une différence qu'il entrevoyait entre le jeu et le pari. Cette différence consistait, selon lui, en ce que le jeu servait à récréer l'homme tandis que le pari ne contribuait en rien à sa distraction. *Sponsiones non gratiâ recreationis sunt inventæ.* Cette distinction, sans doute, serait exacte de la part d'un grammairien considérant le jeu comme un simple acte de divertissement et le prenant dans le sens propre du mot latin *Jocus*. Mais Scaccia parlait bien mieux en jurisconsulte, lorsqu'il s'empressait d'ajouter comme correctif : *ludere et spondere sunt unum*. Les Romains, en effet, précisaient si bien la distinction entre le jeu pris comme mode de divertissement, *jocus* et le jeu pris comme mode de convention aléatoire, que pour ce dernier ils adoptaient une expression spéciale, celle de *ludus*. Or il est utile d'observer dès le début, que le mot *ludere* désigne aussi bien le jeu que le pari, car le jeu ne tombe dans le domaine juridique qu'en devenant l'occasion du pacte de pari. Le pari, en effet, n'est autre chose que la convention mutuelle intervenant entre deux personnes de payer une somme déterminée à celle des deux à laquelle le hasard, provoqué, donnera raison. Or, que l'on s'en rapporte au hasard pris comme terme de cet engagement réciproque, suivant que sa réponse sollicitée devra dépendre de l'issue d'une course, d'une lutte, d'une partie de dés, d'une partie d'échecs, ou bien, soit de la réalité d'un évènement passé mais ignoré des deux contractants, soit de la réalisation d'un événement futur, c'est toujours juridiquement la même chose, c'est toujours le jeu proprement dit ou le jeu des événements pris comme base de la convention de pari. Le jeu dans ses formes multiples, que le hasard seul, l'adresse du corps ou celle de l'esprit y prennent part, est donc le mode accepté pour consulter la fortune; le pari est la convention basée sur son aveugle décision. A ce titre, le pari ne peut exister sans le jeu, et si le jeu peut se comprendre sans le pari, c'est-à-dire sans une convention aléatoire et accessoire, il ne tombe plus dès lors dans le domaine juridique. A ce point de vue qui est exclusivement le nôtre, les deux expressions sont donc synonymes. Aussi notre Code les a-t-il déjà complètement confondus et assimilés.

CHAPITRE I

Du jeu à Rome devant les lois pénales et devant les lois civiles.

Ce n'est qu'au sein d'une civilisation déjà avancée, qu'à Rome, de même que chez tous les peuples, on voit les jeux devenir l'occasion de conventions aléatoires et ces conventions elles-mêmes entrer dans le domaine législatif. Les jeux de force ou d'adresse, la lutte, la course, le javelot, tels sont les divertissements d'un peuple qui commence; il a combattu pour naître, chaque jour encore il lui faut lutter pour vivre; son unique amusement dans la paix est de se préparer pour la guerre. Pour chacun le prix du jeu n'est encore que la gloire qui élève le vainqueur aux yeux de ses rivaux. Dans le cinquième livre de son poème national, Virgile se plaît à retracer les jeux guerriers qu'Enée apporta en Italie avec les pénates du foyer domestique. Plus tard, dès les premiers vers d'une ode fameuse qu'il adresse à Mécène,

Horace célèbre la passion qu'excitent les palmes désintéressées du vainqueur :

> Sunt quos curriculo pulverem Olympicum
> Colligisse juvat; metaque fervidis
> Evitata rotis, palmaque nobilis
> Terrarum dominos evehit ad deos.

Dans le second âge arrivent les luttes de l'esprit. Ce sont à Rome les jeux Floraux qui ouvrent leur carrière aux joûtes de l'éloquence et de la poésie. Là encore le législateur n'intervient que pour favoriser chez son peuple le goût de ces exercices qui, après avoir assuré l'intégrité de ses frontières par les armes, lui assurent encore sur ses voisins l'influence de la supériorité intellectuelle. Il l'y convoque en assises publiques; il en fait même une partie essentielle du culte divin. Sans doute, et depuis longtemps il y avait place pour la voix du philosophe s'élevant contre l'atroce barbarie de certains de ces exercices. Longtemps pourtant elle garde le silence, et lorsqu'elle s'élève enfin, c'est encore une raison politique qui la fait taire ou la rend inécoutée. Ne pouvant donner à ses sujets le pain qu'ils réclament, le prince ne saurait leur refuser le cirque.

Enfin arrive la période fatale de l'énervement et de la corruption sociale. Avec elle apparaît le jeu d'argent. Amolli par une longue prospérité et par le luxe, le bras du Romain ne peut plus soulever le ceste, son esprit reste sourd à la voix des muses. A ses sens blasés il faut l'enrichissement rapide qui, sans effort, lui permet de se livrer sans frein à la débauche; il lui faut les émotions violentes et rapides du coup de dé qui, en un instant va doubler ou anéantir sa fortune. Dans une strophe abattue, Horace nous a dépeint ce triste état de la société contemporaine :

Nescit equo rudis hœrere ingenuus puer
Venarique timet, ludere doctior
Seu græco jubeas trocho,
Seu malis vetita legibus alea.

(Ode 24, liv. III.)

Déjà la voix du sage par la bouche de l'austère Caton s'efforce de protéger son fils contre la fatale passion. « Aleas fuge ! » lui répète-t-il sans cesse, mais vainement. C'est alors que commence l'œuvre de la loi. Un point saillant, c'est le caractère de son intervention première, le même chez tous les peuples ; son premier édit sur le jeux est une mesure pénale et prohibitive. Si elle s'en occupe au point de vue civil, c'est encore pour le proscrire, en frappant de nullité les conventions qui en émanent, dans leur exécution aussi bien que dans leurs effets déjà accomplis. Bien peu de peuples jusqu'ici, ont pu, avant de disparaître, franchir cet âge critique où le législateur se soit cru autorisé à ouvrir impunément libre carrière à toutes les spéculations du hasard. C'est encore avec hésitation que dans notre France moderne on propose d'affranchir le jeu par excellence, les spéculations de Bourse et les marchés à termes, de l'exception de jeu qu'à une époque encore récente on considérait comme un frein indispensable. Est-il suffisamment établi que l'usage prolongé de la liberté individuelle constitue désormais une garantie suffisante contre les entraînements si désastreux des jeux de hasard ? Nous sommes bien autorisés à en douter. En vain allèguera-t-on en faveur d'une pareille mesure l'intérêt de la fortune publique. Que deviendra-t-elle si elle est appelée à s'établir sur les ruines de la fortune privée ?

Des lois anciennes n'avaient-elles point déjà à Rome réglementé le jeu ? Ce point paraît admissible, mais dans l'impossibilité où nous sommes de nous faire une idée exacte de leurs dispositions, nous les passerons sous silence. Elles n'ont en effet laissé dans les textes que quelques rares vestiges qui ne sont point de nature à nous faire découvrir la pensée exacte du législateur. Nous apprenons cependant par Ascanius Pedianus dans ses annotations sur Cicéron (Philipp. II. 23 et 28) qu'autrefois on donnait contre le gagnant au jeu une action quadruple de ce qu'il avait reçu. La loi frappait d'ailleurs d'infamie celui qui faisait métier de jouer et il fallut une réhabilitation pour restituer dans l'intégrité de ses droits un certain Lucius Lenticula qui avait encouru une condamnation par rapport au jeu. « *Lucium Lenticulam*, dit Cicéron, *de alea condemnatum*, *collusorem suum Antonius restituit.* » Nous trouvons là les premiers indices d'une procédure criminelle, *judicium publicum*, dirigée contre ceux qui se livraient au jeu de hasard.

A constater d'autre part la fureur avec laquelle dès les premiers temps de l'empire on se livrait au jeu, fureur à laquelle ne restaient point étrangers les empereurs eux-mêmes, signant d'une main les décrets les plus sévères contre les joueurs, et agitant leurs dés de l'autre, il est à croire que la République même, au moins dans ses derniers temps, n'avait pas échappé au mal. Plus d'une fois le préteur dût inscrire *in albo*, des mesures prohibitives du jeu, mais transitoires. Aucun souvenir cependant ne nous est rapporté à cet égard. Le premier monument précis que nous rencontrions est un sénatus-consulte dont Paul fait mention et qui, de l'avis de Pothier, devrait être attribué à Septime Sévère, ou à l'un de ses prédécesseurs les plus proches. Ce sénatus-consulte qui n'est sans doute que l'écho résumé des décisions prétoriennes antérieures, par l'absence de précision dans ses dispositions générales telles qu'elles nous sont parvenues, laisse supposer qu'à cette époque le législateur ne croyait point encore devoir serrer le délit d'aussi près qu'il le fait à l'époque Justinienne. C'est en effet, dans les termes les plus larges qu'il désigne les jeux à propos desquels la loi autorise le pari ; il est muet sur le montant des enjeux permis. (Dig. T. XI. t. V. § 2. *De aleatoribus.*) Avec la passion pour le jeu, a dû croître la subtilité des joueurs dans l'interprétation de la loi, car Justinien dans ses constitutions (Code L. III. T. XLIII, *De aleatoribus et alearum lusu*) croit nécessaire de préciser en termes formels que cinq jeux seront exclusivement permis, en dehors desquels tous autres tomberont sous le coup de la loi pénale. Il fixe de plus le maximum des paris. Il est encore intéressant de remarquer que les premières lois en la matière tendent uniquement à frapper les intermédiaires, ceux qui tiennent des maisons de jeu, *susceptores ludorum*, et non point les joueurs eux-mêmes, ceux qui propagent le mal en le facilitant, et non point ceux qui s'y livrent.

Dès la première époque, s'établit donc dans la loi une une division juridique des jeux, qui subsiste encore, d'une part les jeux *d'adresse*, d'autre part les jeux *de hasard.*

§ I. — Des jeux d'adresse.

Au commencement du XIXe siècle, nos législateurs ont encore pu se flatter de l'illusion qu'en intéressant par l'attrait du jeu le spectateur devenu indifférent aux prouesses de champions salariés, ils allaient créer des écoles de héros. Il n'est donc pas si surprenant que dans la Rome impériale, déjà même dans la République au déclin, on ait, en désespoir de cause, tenté de faire appel au vice envahissant, pour ramener la vertu oubliée. Les moyens furent déjà les mêmes, les résultats ne semblent point différents. Les nobles chevaliers affluèrent au cirque, en parieurs, mais non en admirateurs et plus d'un, *pollice verso*, condamna à mort le plus brave, quand son dernier souffle lui assurait le gain d'un gros pari. L'empereur lui-même ne choisissait-il point son favori de jeu parmi les gladiateurs venant le saluer avant de marcher à la mort?

Nous savons que le sénatus-consulte attribué à Septime Sévère avait estimé comme suffisant, dans la dernière moitié du deuxième siècle de l'ère chrétienne, d'excepter des jeux à l'occasion desquels le pari serait prohibé, tous ceux-là en général tendant à développer la force ou l'adresse du corps. Voici comment Paul (Dig., L. XI. t. V, 2 § 1), en rappelle les dispositions générales : « *Senatus-consultum vetuit in pecuniam ludere : præterquam si quis certet hastâ, vel pilo jaciendo, vel currendo, saliendo, luctando, pugnando quod virtutis causâ fiat.* » Il était donc permis de parier sur l'issue de toute lutte de cette nature, et aucune limite n'était fixée au montant des enjeux. Traqués dans les tripots occultes, les joueurs se rejetèrent avec ardeur dans les amphithéâtres où le jeu était officiellement autorisé et ainsi provoqué. Aussi avons-nous tout lieu de croire que ce fut moins pour donner une nouvelle vigueur à des lois vieillies ou qu'on pourrait prétendre tombées en désuétude, que moins de trois mois après, Justinien se vit contraint de fixer légalement un maximum aux enjeux, que pour parer aux conséquences funestes et inévitables de la première législation. Dans sa Constitution Ire au Code (L. III, t. XLIII), l'empereur, après avoir établi une nomenclature des jeux permis, qu'il estime plus précise que la précédente, peut-être parce qu'il a recours à la désignation grecque de ceux alors en usage, ajoute : « *et liçeat quidem ditioribus ad singulos commissiones, seu ad singulos congressus, aut vices unum usum, seu numisma, seu solidum deponere et ludere, cæteris autem longe minori pecuniâ.* » Il restreignait ainsi les enjeux à d'étroites limites, faisait du pari une simple distraction inoffensive, et abolissait le pari légal. Mais ce qui semble dénoter combien encore, dans l'esprit de l'empereur, il subsistait de doutes sur l'efficacité de la nouvelle mesure, c'est la peine sévère qu'il édicte aussitôt après contre les magistrats inactifs dans la surveillance des jeux : « *curent vero ista prœsides, decem librarum pœnâ interpositâ, si hanc legem contempserint vel contemni permiserint.* » Ce système de pénalités plus rigoureuses contre les magistrats indifférents ou prévaricateurs, que contre les délinquants, outre qu'il ouvre un jour curieux sur l'organisation judiciaire de l'empire, permet, en notre matière, de supposer que le mal était désormais enraciné à ce point que ceux mêmes chargés de le réprimer n'échappaient point à ses séductions ou trouvaient à se faire payer chèrement leur tolérance.

Toujours est-il, qu'une nouvelle Constitution suivit bientôt la première. Elle est relatée au même titre du Code. Son but principal paraît être cette fois de déterminer, sans laisser place à aucune ambiguité les *cinq* jeux qui seront désormais acceptés dans l'empire comme jeux d'adresse et partant licites : « *Deinceps vero ordinet quinque ludos, monobolon, contomonobolon, quintanum contacem sine fibulâ, et perichyten, et hippicem, quibus sine dolo atque callidis machinationibus ludere permittimus.* » Les cinq jeux qui ont obtenu grâce devant l'empereur nous paraissent être : le jeu du disque, le saut, la joûte à armes courtoises, la lutte et les courses de chevaux. Nous ne pouvons ici mieux faire que de citer Cujas, qui donne le commentaire de ces expressions barbares :

« *Primus ludus dicitur* μονοβολον, *id est saltus singularis, secundus dicitur* κοντομονοβολον, *id est saltus conto suffultus ; tertius est* κυνζανοζ, κοντα εκωεις της πορπης ; *id est jaculatio hastæ vel conti vel pili sine cuspide ; quæ, ut Balsamon docuit, lusio dicta est à quintano quodam inventore et hodie in Italia vocatur quintana. Permittitur etiam* πεικυθη, *colluctatio. Permittitur et* ιππικη, *id est Troia ut verteres dicebant Pyrricha vel apertius curriculum equorum cui* ιππικη, *adjunge possunt quasi similes* κυνζωθρεα *et* πορυε, *ludi explicati à Nicephoro Gregore.* »

C'était par une définition dernière couper court aux procédés ingénieux inventés par les joueurs endurcis pour frauder impunément la loi encore imparfaite. Ils avaient dû imaginer des combinaisons dont la ressemblance avec les exercices favorisés, fût de nature à égarer le Juge dans l'interprétation des textes un peu vagues. Parmi ceux-ci figurent le jeux des ξυλινα ιππίκα, c'est-à-dire des chevaux de bois, que Justinien, dans les lois 2 et 3 du code, s'attache à proscrire avec un soin particulier, et, qui paraît lui inspirer une vive antipathie. Nous trouvons en effet dans les Basiliques, la phrase suivante : « *Etiam interdicuntur quasi equi ignobiles et sordidi, equi lignei,* ξυλινα ιππίκα, *quia et is lusus in aleæ speciem cadit, nec suscipitur virtutis causâ ut superiores quinque.* » Qu'était au juste ce jeu ? Il a fait l'objet de nombreux commentaires notamment de la part de Nicolas Latruffe sans qu'on soit tombé d'accord sur un autre point que celui de sa parfaite innocuité : « *Dubium est, inquam, quia innocens est ille ludus, nec ratio perspicitur cur eo Romanis suis interdixisset*

Justinianus. » C'est en ces termes que le commentateur résume la controverse sans la résoudre.

C'est dans cette dernière constitution qu'à côté de celle confiée aux magistrats civils, on voit apparaître en matière de jeu, la mission des évêques. Constantin avait déjà fait de l'épiscopat une institution judiciaire, et lui avait accordé une juridiction spéciale, *episcopalis audientia*, dont la confiance des fidèles alimentait les occupations. Dans le domaine du droit purement canonique, l'intervention de l'autorité ecclésiastique avait de bonne heure paru indispensable en matière de jeu. Déjà les canons 41 et 42 des apôtres, avaient prononcés disciplinairement des peines sévères, telles que la destitution, contre les prêtres ou autres ecclésiastiques s'adonnant au jeu. Le zèle des apôtres était resté impuissant à prévenir et surtout à réparer le désordre que la passion toujours croissante des jeux de hasard avait introduit jusque dans les cloîtres. L'autorité des empereurs vint à leur secours. Par la constitution dernière du Code, *de episcopali audientiâ*, § 1 et 3, Justinien s'élève contre ces désordres en termes des plus énergiques. L'empereur oublie de relater dans sa constitution le grand argument élevé contre le jeu de hasard, par les théologiens qui y découvrent un vice intrinsèque consistant dans la profanation du sort qu'ils considèrent comme quelque chose de religieux, argument que Pothier s'efforce de réfuter longuement dans le chapitre 1er de son *Traité sur le jeu.* Ce sont les blasphèmes qu'il provoque, qui, au dire de l'empereur, doivent le rendre particulièrement odieux pour les prêtres. Aussi sa constitution nous paraît plus un document de discipline religieuse que de législation. Suivant les traces de son prédécesseur dans sa constitution 87, l'empereur Léon va encore plus loin dans la même voie et édicte des peines sévères contre les délinquants qui devront être traités comme des profanateurs, *tanquam piaculares*.

En outre des jeux d'adresse permis, une exception aux prohibitions de tous les jeux d'argent est apportée au Digeste (XI-1-5-§ 4.) Paul qui rapporte le texte de l'édit la mentionne en ces termes : « *quod in convivio ponitur. in eam rem familiæ ludere permittitur.* » Selon Pothier la raison de cette exception est sensible, la fin qui rend le jeu contraire aux bonnes mœurs, qui consiste dans le désir de s'enrichir aux dépens et par la dépouille de celui contre qui on joue ne se rencontre pas dans ce cas où le prix du jeu ne doit pas entrer dans la poche du gagnant, mais doit être employé au festin.

Faut-il au sujet de ce texte accepter la leçon florentine qui imprime l'expression de *familiæ* tandis qu'on devrait la remplacer par celle d'*aleâ* suivant la version de Nootd (obs. de aleat.) ? Cette dernière opinion adoptée par Cujas et Pothier semblerait devoir donner une plus grande extension à l'exception de l'édit, permettant ainsi de jouer au dé ou à tout autre jeu de hasard, la consommation faite en commun, non seulement autour de la table privée de la famille. mais encore dans les lieux publics. Outre que cette dernière opinion ne paraîtrait point offrir de grands dangers, elle nous paraît plus probable parmi les Romains, gens du *forum* et partant vivant beaucoup en dehors du foyer domestique. Nous inclinons donc en faveur du mot *aleâ*, bien que n'osant prendre parti dans une aussi grave controverse paléographique qui inspirait au conseiller Antoine Favre, adversaire de la correction, des accents si émus : « Quoi, s'écrie-t-il avec une vertueuse indignation, il joue donc pour un but utile et glorieux, celui qui joue pour manger ! N'est-il pas plutô l'esclave de sa gloutonnerie ? Y a-t-il là une cause qui mérite tant de faveur auprès d'hommes tempérants, comme il conviendrait que tout le monde le fût ? *Apud viros temperantis et frugi quales omnes deceret.....* »

Quoiqu'il en soit, cette disposition de l'édit qui pour un cas spécial autorise un jeu de hasard, ne se rencontre point dans les constitutions impériales si limitatives à cet égard. Faut-il en conclure, que même dans cet hypothèse si favorable, le jeu de hasard fût à cette époque frappé d'une telle réprobation, qu'il n'eût point trouvé grâce auprès des empereurs ? Nous ne le pensons point; si, dans cette mesure restreinte le jeu n'était point expressément autorisé, tout au moins devait-il être toléré, par cette raison que l'on avait à cette époque trop de faits de jeu autrement graves et dangereux à réprimer, pour s'occuper d'une hypothèse aussi inoffensive; *de minimis curat prætor, non imperator.*

Ajoutons encore que parmi les jeux de hasard, il nous semble que les loteries ne furent point prohibées à Rome. L'origine des loteries se trouve dans les saturnales romaines, où elles figurent comme accessoires de ces fêtes nationales. Ceux qui y prenaient part recevaient gratuitement un billet qui donnait droit à emporter un lot quelconque; de là le nom qui leur fut donné d'*apophoreta* (αποφερω, j'emporte). Auguste créa aussi des loteries pour les fêtes populaires ; mais le caractère de gain leur fut enlevé, les lots se composaient généralement d'objets de peu de valeur. Le but de ces jeux qui devinrent fort à la mode sous cet empereur, fut l'amusement et la joie. Néron en changea le caractère, et vit dans ces largesses répandues par le hasard le moyen de déployer une magnificence fastueuse. L'empereur Héliogabale inventa les loteries composées de billets utiles et de billets sans valeurs. C'est le type de nos loteries modernes.

Enfin, pendant ces mêmes saturnales la prohibition des jeux de hasard était levée de la façon la plus absolue, et chacun durant cette période pouvait s'y livrer impunément. A défaut de textes certains, c'est Martial qui nous l'apprend :

Nec timet ædilem moto spectare fritillo
Quum videat gelidas jam prope verna lacus.
(Mart. XIV, 1.)

Mais le mois de décembre expiré, les lois reprenaient tout leur empire. Les établissements de jeu étaient fermés et l'édile curule chargé de poursuivre ceux qui s'introduisaient furtivement dans les maisons de jeu, *loca œdilem metuentia*, comme les appelle Sénèque. Semblables tolérances, sous le prétexte de fêtes religieuses, n'étaient point de nature à assurer le respect de la loi pendant le restant de l'année.

Et maintenant quelle était la sanction civile des paris contractés relativement aux jeux permis et la sanction pénale de ces mêmes paris dépassant les limites établies par les constitutions ?

L'édit, nous l'avons indiqué, ne fixe point de limites aux paris qu'il autorise. Nous ne croyons point qu'il y ait là une lacune des textes. A cette époque, sans doute, de nobles sentiments, plus que la passion du jeu attiraient encore les spectateurs aux luttes d'adresse, les paris devaient donc se restreindre à des sommes relativement minimes ; leur liberté absolue n'était point encore un danger. Le pari, quel que fût son chiffre, restait donc valable comme convention. Quant à cette convention elle-même, elle nous paraît être dépourvue de toute action ; il n'y avait là qu'un pacte nu, engendrant une obligation naturelle. Or, nous savons qu'une obligation naturelle de cette nature, bien que licite dans sa cause, ne donne point naissance à une action, mais seulement à une exception : « *Nuda pactio non parit obligationem sed parit exceptionem.* » Dig. 2-14-7, § 4). Le gagnant qui avait reçu le prix du jeu pouvait donc repousser la répétition par la *condictio indebiti*, exercée contre lui par le perdant, à l'aide d'une exception tirée du pacte, de jeu, *pacti conventi*.

Mais si le paiement n'avait point été effectué par le perdant, rien dans les textes ne nous permet de supposer que le prêteur, bien que se trouvant en présence d'une convention qu'il autorisait, ait cru devoir créer en sa faveur une action prétorienne spéciale ou admettre par assimilation une action utile. Aussi nous paraît-il certain que les parties avaient soin de rendre civilement obligatoire la convention de jeu, en recourant à la forme si usuelle de la stipulation. De cette obligation *verbis*, naissait pour le gagnant une action de droit strict, l'action *ex stipulatu* en général, et dans notre espèce depuis la loi *Silia*, une *condictio certi*. Nul danger ne pouvait résulter de cette espèce de novation juridique du pacte de jeu, car il ne faut point oublier qu'à l'opposé du droit civil, le préteur s'arrogeait le droit de rechercher les causes réelles ayant pu déterminer l'accord des parties, et partant d'admettre ou repousser cette action, suivant que la cause de l'obligation lui paraissait licite ou non. (Acc. L. II, n° 580-444).

(Inst. L. III, T. XV, § 1.) C'est encore en vertu du même principe que sous Justinien le magistrat appréciait arbitrairement si la demande du payement reposait sur un pari ayant dépassé le solide autorisé chez les plus riches ou la somme convenable à la situation pécuniaire des parieurs surtout, à notre avis, du perdant.

Si un pari excessif était constaté, la peine était donc

le refus pour le tout de l'action au gagnant. Quelle était-elle si le perdant avait déjà payé ? Le texte de la Constitution première de Justinien (Code III XLIII nous semble très-obscur à cet égard : « *quod si plus lusum fuerit, neque repetitio ditur, et solutum repetatur.* » Un point incontestable, c'est que, dans un latin peu conforme au langage juridique, sous l'expression de *repetitio*, l'empereur refuse toute action au gagnant demandeur. Mais refuse-t-il aussi la répétition proprement dite au perdant ayant payé, ou au contraire la lui accorde-t-il pour la totalité? Les deux solutions sont possibles, suivant que l'on fait porter ou non la négative *neque*, sur le second membre de la phrase seulement, ou aussi sur le troisième et dernier membre. Pour nous, peut-être seuls de cette opinion, nous n'hésitons point à admettre le premier mode de traduction et à accorder la répétition au perdant. Comment en effet admettre que l'empereur, qui au commencement de la même constitution accorda la *condictio indebiti* la plus étendue au perdant qui s'est livré à un jeu prohibé, la lui refuse et le punisse plus sévèrement pour avoir dans un jeu permis, dépassé une limite qui n'a rien de bien précis, abandonnée, pour la plus part des cas, à l'appréciation du magistrat et qu'il a pu transgresser avec la meilleure foi du monde ? Si dans le premier cas l'empereur a cru devoir déroger au principe posé par Paul (Dig. XII. V. § 3. de Cond. ob. turp. caus.) : « *Ubi autem et dantis et accipientis turpitudo versatur, non posse repeti dicimus* », il n'a pu vouloir le faire revivre pour un cas bien autrement favorable.

§ II. — Des Jeux de hasard.

La règle générale à Rome était la prohibition des jeux. Aussi, en dehors des quelques exceptions que nous venons de signaler, tous les jeux de hasard étaient frappés par la loi. Il ne paraît point douteux qu'on se soit efforcé d'atteindre les joueurs et leurs intermédiaires, les maîtres de maisons de jeux, en les frappant d'infamie. Par un reste de pudeur, les joueurs romains repoussaient la qualification *d'aleatores*, préférant celle de *tenerarii*. Cujas pense, qu'au point de vue de la signification entre les deux mots, il n'y avait pas de différence plus sensible qu'entre l'éphitète de *fur* et celle de *latro*. Mais l'effet de la note infamante restant à peu près exclusivement dans le domaine moral, nécessita bientôt des mesures plus efficaces.

L'édit sévit d'abord contre les intermédiaires par une disposition générale qui consistait dans le refus de toute action en réparation du préjudice causé contre celui qui recevait les joueurs chez lui. Ulpien au titre *de aleatoribus* (Dig. XI. V. I.) relate en ces termes l'édit du préteur : « *Prator aït : si quis eum, apud quem aleâ lusum esse dicetur, verbaraverit, damnumve ei dederit : sive quid eo tempore dolo ejus subtractum est, judicium non dabo.* » L'hypothèse prévue est celle où les joueurs aurait causé au *susceptor aleæ* un préjudice quelconque résultant d'un vol, d'injures ou de violences.

En présence de ces faits générateurs d'une action pénale, *actio furti, actio injuriarum*, le préteur déclare qu'il refusera la formule, *si dicetur*, s'il est excepté par le défendeur que les faits ont été accomplis contre et chez le demandeur, tenant une maison de jeu. Ulpien ajoute, dans son commentaire § 2 qu'il est à noter que la conduite du préteur serait la même à l'égard du *susceptorem verberatum et damnum passum*, où que ce soit et dans quel moment qu'il ait été frappé ou lésé. Quant au vol commis dans sa maison, et ce mot désigne aussi bien son habitation que son domicile, l'action lui sera également refusée si le vol a été commis, *eo tempore quo lusum fuerit*, le voleur ne fût-il point un des joueurs lui-même. Sauf ce cas, c'est donc une mise hors de toute protection légale contre le maître de maisons de jeu, pour les faits dont il serait victime, que ce soit ou non à l'occasion du jeu. Nous sommes autorisés à croire que cette mesure exceptionnelle devait remonter au moins à la dictature de Sylla et que la loi *Cornelia, de sicariis,* à laquelle Marcianus (Eod. tit. § 3) fait allusion, l'avait déjà édictée.

Mais si l'action pénale était refusée au *susceptor aleae* victime d'un vol par exemple, c'est-à-dire *l'actio furti* au double ou au quadruple, en était-il de même des actions civiles, *vi bonorum raptorum*, *ad exhibendum*, la *vindicatio*, la *condictio furtiva?* Pomponius professait l'affirmative et accordait l'action civile. Ulpien repousse cette opinion indulgente ; « *pretor enim simpliciter aït : si quid subtractum erit, judicium non dabo.* »

Enfin une disposition spéciale de la constitution de ustinien au Code, relative à ceux qui donnaient à jouer ux chevaux de bois, ordonne que le perdant recouvrera a perte sur la vente de la maison du *susceptor*, et s'il ne eut exercer cette répétition, que cette maison fut con-squée par les soins du procureur au profit du trésor ublic. On aurait tort de voir dans cette partie de la nstitution, l'application d'une règle générale, au cas n jeu que l'empereur vient de faire rentrer dans la catégorie des jeux prohibés. C'est uniquement la preuve que dans le jeu des chevaux de bois il n'y avait point de joueurs étrangers en face l'un de l'autre, mais que le *susceptor* était un banquier gagnant pour son propre compte, et que c'était contre lui et non contre un partenaire que le perdant exerçait sa répétition. La fraude y était donc plus probable, de là les rigueurs exceptionnelles de l'empereur contre cette espèce de jeu.

L'édit que nous venons d'examiner ne concerne que celui qui reçoit les joueurs chez lui, non les joueurs eux-mêmes, bien que ces derniers ne fussent aux yeux du préteur dignes d'aucun intérêt: « *si rapinas fecerunt inter se collusores, vi bonorum raptorum non denegabitur actio. Susceptorem enim duntaxat prohibuit vindicari, non et collusores, quamvis et hi indigni videantur.* » Le joueur n'était point cependant considéré comme assez vil pour que la loi lui refusât sa protection. Ceux d'entre eux cependant qui excitaient les autres à jouer était rigoureusement frappés. Le préteur § 5 ajoute: « *in eum qui aleæ ludendæ causâ vim intulerit, uti quæque res erit, animadvertam.* » La nécessité d'une violence bien caractérisée ne semble point requise. La peine atteignait le joueur qui n'aurait fait que retenir son adversaire pour avoir une revanche; elle consistait dans l'amende, la prison, les fers: « *aut multa multetur, aut in lautumias aut in vincula publica ducatur* ». En outre, celui qui excite à jouer un esclave ou un fils de famille est tenu de l'action *servi corrupti* appartenant au maître ou de l'action *injuriarum* qui compète au père. (Dig. 426 de injur.)

La sanction la plus intéressante qui atteint les jeux prohibés consiste dans la nullité absolue de la convention de pari à laquelle ils servent de base.

Cette convention faisait-elle naître un véritable lien de droit et peut on admettre comme fondée cette observation de Perezzi : « *Observandum autem est*, dit-il, *hoc quod quamvis lex civilis alearum lusum pohibet, non tamen efficit, nec definit hunc contractum irritum aut nullum.* » Nous n'estimons point que la législation romaine si avare de la qualification de contrat l'ait accordée à la convention de jeu. Pour nous elle n'engendre point assurément un contrat de droit civil, et soit dans les rares hypothèses où le jeu était licite, la convention qui en découlait valait comme pacte susceptible d'être nové par une stipulation. sauf droit pour le préteur d'examiner la cause originelle du contrat *ex stipulatu* ou *litteris* allégué devant lui, il n'en était point de même lorsque la cause du pacte était un jeu prohibé. Dans sa constitution première au Code, Justinien semble nous donner raison, lorsqu'il déclare : « *Victum in alea lusum non posse conveniri.* » Le pacte de jeu, fait contrairement à un prohibition légale était donc inexistant : « *Pactum contra Jus aut constitutiones aut senatus-consultum interpositum nihil momenti habet.* » (Paul, Sent. I. I. § 4). Convention semblable ne produisait même pas d'obligation naturelle ; elle ne pouvait partant être invoquée ni par action ni même par exception ; elle n'était susceptible ni d'être novée, ni garantie par fidejusseur, par constitut, par hypothèque ou par aucune autre sûreté accessoire, et la conséquence du paiement fait par l'une des parties était la répétition par la *condictio indebiti*. D'après le principe général : « *Si et dantis et accipientis turpis causa sit, possessor potior est*, » il aurait dû en être autrement et la répétition aurait dû être refusée. C'est dans l'intérêt de l'exécution de la loi, qu'il a été dérogé à cette règle ; en faisant disparaître toute possibilité de gain, on détruisait le mobile du jeu lui-même.

Déjà établie par le sénatus-consulte de Septime Sèvère, le droit à répétition fut consacré à nouveau par les constitutions de Justinien : « *Et si solverit habere repetitionem.* » Mais il est à remarquer que la *condictio* accordée au perdant ne portait plus, comme dans le très-ancien droit, sur le quadruple de la somme perdue.

Il pouvait se faire que les joueurs pour éluder la loi, substituassent des jetons à l'argent : « *aliqui luserunt, non appositâ pecuniâ, sed appositis lupinis, eâ lege ut quod lupini amittantur, pro eis tot reddantur nummi.* » Cette fraude était prévue et pareille simulation tombait sous le coup de la loi « *Sed et si quis sub specie alearum victus sit lupinis, vel aliquâ quâvis materiâ, cesset etiam adversus eum omnis exactio.* » Le joueur qui aurait reçu des jetons ou quelque autre signe de convention n'aurait donc pas eu le droit d'exercer une poursuite contre son adversaire pour se faire payer leur valeur représentative, de même que celui qui l'aurait fait après avoir perdu, pouvait répéter.

Le perdant avait en outre le droit de faire exonérer la caution qu'il aurait donnée pour garantir le paiement de l'enjeu : « *Data super aleæ lusum cautio irrita* » (const. 1 au Code). Le gage qu'on y aurait attaché aurait pu être réclamé.

Cette action en répétition entraînait l'infamie à l'égard de celui contre qui elle était dirigée et qui succombait dans l'instance ; elle était par conséquent restreinte dans son application. C'est ainsi que le fils ou l'affranchi ayant perdu en jouant contre le père de famille ou le patron, ne pouvait avoir contre ces derniers une action directe qui aurait entraîné l'infamie (Dig. XI. § 1. *De dolomalo*). Aussi leur avait-on accordé une action utile ou *in factum* (Dig. 4. § 2. *De al.*), laquelle, dit Pothier, sans emporter l'infamie était aux mêmes fins. Dans cette action, le préteur supprimait dans la formule ces mots habituels : « *Quod in eâ re aleâ lusum erit* » Rien n'indiquait donc que l'action était exercée à l'occasion d'une dette de jeu. L'honneur du père de famille ou du patron restait sauf.

Le droit de répétition était, d'après les constitutions, fort étendu en ce qui concerne ceux qui pouvaient l'exercer. Il était accordé au père, au maître, aux héritiers du joueur perdant ; et même, ce qui concorde bien avec l'idée de peine contre le gagnant, si le perdant, par délicatesse, s'abstenait d'agir, son action compétait au fisc, à l'évêque, au préfet, et au défenseur de la cité, qui devaient employer la somme restituée à des travaux d'utilité publique. La constitution allait jusqu'à permettre à tout habitant de la ville dans l'enceinte de laquelle les joueurs avaient violé la loi, de poursuivre le recouvrement de l'enjeu, pour l'affecter également à l'ornement de la cité. La durée de cette action était de 50 ans ; cette prescription toute spéciale est également l'œuvre de Justinien. Pendant ce long espace de temps, non seulement le gagnant, mais ses héritiers pouvaient être poursuivis.

Enfin de même que le père, le patron ou le maître du fils, de l'affranchi ou de l'esclave qui avait perdu, pouvait répéter, de même en sens inverse, s'il avait gagné, le perdant avait contre le père ou le maître une action *de peculio;* mais cette action n'était point noxale, n'étant pas née d'un délit personnel.

Si les joueurs avaient stipulé une clause pénale pour le cas où le perdant se déroberait à ses engagements, cette clause était radicalement nulle. (Just. *De verb. oblig.*) La clause pénale suit le sort de la stipulation.

Il pouvait encore advenir que des joueurs prévoyants et

habiles aient pris soin pour éluder la loi, de stipuler mutuellement le montant de la somme exposée. En ce cas le vainqueur aurait pu agir, *ex stipulatu*, et comme la *condictio certi* était une action de droit strict, il aurait dû obtenir du juge la totalité de sa demande. Mais le prèteur nous l'avons dit, déjouant les fraudes qui pouvaient s'abriter sous ces promesses ou d'autres combinaisons de même nature, accordait au perdant l'exception, *nisi in aleâ gestum sit*. La dette de jeu ne pouvait donc être ni novée ni cautionnée.

Le joueur qui dans une partie aurait, pour suivre le jeu, vendu sa maison à son adversaire, pouvait lorsque le gagnant agissait *ex empto* en livraison de la maison, écarter son action au moyen de la même action *in factum*. Si cet acheteur, en cas de délivrance de le maison en était évincé, une exception le débouterait encore de sa demande en garantie : « *Si in aleâ rem vendam, ut ludam, et evictâ conveniar, exceptione summovebitur emptor.* » (*Dig.* 2, § 1, *quax. rer. actio non datur.*) Enfin si en dehors de toute action intentée, le vendeur avait indemnisé l'acheteur de l'éviction, il aurait une *condictio indebiti* pour répéter l'indemnité par lui servie. En effet son exception était perpétuelle, et toutes les fois qu'une personne a le bénéfice d'une exception, de ce genre, elle a la répétition de ce qu'elle peut avoir payé (Vat. *Frag.* 266.)

Il pouvait arriver aussi qu'un joueur n'ayant pas d'argent ou ayant perdu tout ce qu'il avait, empruntât pour jouer : quel était le sort du *mutuum* ainsi contracté ? Il faut distinguer : si c'est un étranger au jeu qui a prêté l'argent au joueur, ce prêt sera valable évidemment, ce prêt rentre dans les règles ordinaires du *mutuum* ; si c'est un des joueurs qui a prêté à l'autre pour continuer une partie, la question est plus embarrassante ; la destination de l'argent prêté va-t-elle en vicier la cause ? Certains auteurs ont déclaré le *mutuum* nul et l'actio *ex mutuo* pouvant être repoussée par l'exception *nisi in alea gestum sit* en s'appuyant sur la loi 8 *in fine* (Dig. pro emptore) qui refuse l'action *ex empto* à celui qui a acheté les esclaves d'un débauché, sachant qu'il allait employer le prix de vente à des dépenses honteuses. Cet argument d'analogie, en l'absence de tout texte spécial, nous paraît séduisant, mais point concluant. Mais il faut avouer que l'opinion des auteurs contraires repose sur un argument de texte offrant un rapport encore plus éloigné avec la question. Ils invoquent à l'appui de la validité du prêt la loi 3 § 6 du titre *de in rem verso*, au Digeste, qui accorde l'action contre le maître dont l'esclave a emprunté pour des dépenses honteuses. En l'absence de toutes dispositions spécialement prohibitives, nous croyons devoir adopter l'affirmation. Il demeure bien entendu que notre solution serait contraire, si au lieu d'une remise réelle de l'argent, le gagnant avait prêté positivement au perdant, le montant de son gain. L'exception devrait alors être certainement admise.

Si, en terminant, nous avions à indiquer la ligne de démarcation qui sépare la législation romaine, en matière de jeu, d'avec la nôtre, nous rappellerions qu'à part les cinq jeux strictement autorisés, il n'était permis de se livrer à aucun autre, d'une façon intéressée, et dans quelque lieu que ce fut. Beaucoup plus indulgente, notre législation permet en principe tous les jeux, même les jeux de hasard, à moins qu'ils ne soient tenus dans une maison non autorisée et spécialement consacrée à cet objet. Enfin elle ne protège le perdant qu'à l'aide d'une exception et ne lui accorde point la répétition.

DROIT FRANÇAIS

DE L'ASSURANCE SUR LA VIE

(ASSURANCE EN CAS DE DÉCÈS VIE ENTIÈRE)

La moralité de l'assurance sur la vie, au point de vue philosophique, ainsi que son utilité au point de vue économique et social, depuis que sous la pression de l'opinion publique l'usage de ces diverses combinaisons s'est définitivement établi dans nos mœurs françaises, ont rencontré de nombreux défenseurs parmi les publicistes et les jurisconsultes les plus éminents ; à nos yeux pourtant, la démonstration de beaucoup la plus éclatante en faveur de cette institution résulte de ce que depuis près d'un demi-siècle elle a su assurer son triomphe par ses propres forces, alors qu'elle rencontrait les adversaires les plus ardents dans cette même classe d'écrivains et de penseurs qui se proclament aujourd'hui ses plus fervents apôtres. Mais si tout a été dit et bien dit à cet égard, nous avons le regret de constater que sous le rapport juridique qui est exclusivement le nôtre, rien n'a été fait jusqu'à ce jour. Nous en sommes encore à désirer une législation complète et spéciale sur une matière aussi importante que les assurances sur la vie, alors que la plupart des nations et même celles qui n'avaient fait que nous suivre en adoptant nos Codes, nous ont depuis plusieurs années précédés dans cette voie (1). Nous n'avons même point la consolation de penser, qu'à une époque récente, un projet de loi quelconque sur ce sujet ait été déposé sur le bureau de l'une de nos Chambres.

Aussi, multiples autant que fatales sont les conséquences de cette inertie de nos législateurs. Sans insister sur l'incertitude pratique de cette institution dont le développement bienfaisant se trouve ainsi enrayé à chaque pas, il suffit de constater que non seulement un principe juridique certain manque comme point de départ pour nos contrats d'assurances les plus simples, mais encore que chaque jour et sous l'influence de besoins indéfiniment variés, les combinaisons les plus diverses venant à se multiplier, les tribunaux appelés à les apprécier, se voient réduits à leur appliquer des règles d'analogie ou de déduction éparses dans nos lois écrites, et étrangères au contrat, suivant qu'il leur semble se rapprocher de telles autres conventions prévues et réglées ; de là, non des décisions de principes, mais des décisions d'espèces ; et tout cela forme une jurisprudence qui ne peut à coup sûr offrir aux intéressés qu'un guide incertain et parfois trompeur. Or, s'il est regrettable de constater la tendance du pouvoir judiciaire à appliquer correctivement la loi, il l'est bien davantage encore de la voir, comme en notre matière, obligé de la faire.

Rechercher des décisions antérieures, les commenter par la comparaison et l'analyse, tel n'est point notre but dans cette courte étude ; il ne convient ni à sa nature, ni

(1) Code Hollandais 1838. — Code du Wurtemberg. — Code civil Autrichien. — Législation Anglaise, 9 août 1870. — Législation Américaine. — Loi Belge, 11 juin 1874. — Code de commerce Hongrois 1875.

à notre opinion personnelle qui ne peut s'empêcher de protester en passant, contre l'autorité que la Chambre des délibérations aussi bien que la barre du Tribunal accordent à cet ensemble de décisions précédentes, qu'on nomme la jurisprudence. La jurisprudence ayant force de loi, c'est en revenir au Code Théodosien et à la loi des *Citations ;* c'est renoncer à cette indépendance d'interprétation et de décision qui constitue le plus bel apanage du juge et de l'avocat ; c'est enfin annihiler tout progrès législatif en le rendant inutile. A considérer la jurisprudence comme un art d'imitation, à contracter sur sa foi, combien ont exposé leurs intérêts, garantis qu'ils n'étaient point par son immutabilité. Notre sujet lui-même offre des exemples frappants de ses retours et de ses variations.

Nous gardant donc d'étendre la loi sur un véritable lit de Procuste et de la torturer pour l'amener aux dimensions voulues, nous essaierons d'abord de déterminer la nature vraie du contrat d'assurance sur la vie, puis le plaçant ensuite en présence de nos lois, nous chercherons comment et à quelles conditions il peut vivre librement et fonctionner régulièrement sous leur empire. C'est dire que nous viserons moins à des conclusions pratiques qu'à des solutions juridiques.

Faut-il comme M. de Montluc, sur le témoignage d'Eschine (*in Ctesiphontem*), chanter la République d'Athènes comme le berceau de l'assurance sur la vie : Athènes protégeant les fils des grands citoyens ayant fait le sacrifice de leur vie à la gloire et au salut de l'État, Athènes couvrant de sa sollicitude les trois enfants du sage Aristide ou Polycrite fille de Lysimache ? Faut-il davantage trouver le germe véritablement originel de l'institution dans les *sodalitates* ou εταίριαι, qui sous le

Bas-Empire présentaient de vastes associations mutuelles, ou bien encore dans les *ghildes* du Nord et spécialement de la Germanie, ces réunions dont les membres juraient de s'entraider comme des frères et de se défendre les uns et les autres ?

Nous ne voyons à la base de telles institutions ainsi que d'autres de même nature, que les premières applications des grands principes économiques et sociaux de la solidarité et de l'association.

A Rome même, si la pratique et la législation sont restées étrangères à l'assurance sur la vie, c'est uniquement parce que le besoin ne s'en faisait point sentir dans une société constituée comme l'était la société romaine. Elle n'eut en rien heurté le texte ni l'esprit de la loi. Il eût suffi de stipuler une certaine somme, *cum moriar*, et par contre-partie, une certaine autre somme payable en une seule fois ou par annuité, pour atteindre au véritable fonctionnement de l'assurance. Bien plus, dans la loi 68 (*ad legem Faludium*), Ulpien dresse une table de mortalité à peu près d'accord avec celle des Pascal, des Halley, des Deparcieux et Duvillard, tables qui servent aujourd'hui encore, de guides aux Compagnies d'assurances pour calculer les probabilités de décès. Mais Ulpien ne se livre à ce travail que dans un but unique, l'aliénation à charge de rente viagère. Au sein d'un état social essentiellement égoïste, cette dernière convention était très en faveur ; la nôtre qui en est l'opposé dans ses fins et dans son fonctionnement, reste ignorée.

Il y a lieu de s'étonner que les auteurs qui croient indispensable de constituer à notre institution des origines antiques n'aient point songé à rappeler que les peuples les plus barbares, notamment les anciens Celtes, étaient dans l'usage de prêter de l'argent remboursable après leur mort. L'assurance sur la vie serait aussi contemporaine des premières notions d'une vie future.

C'est au sein d'un peuple essentiellement industriel, l'Angleterre, que, depuis deux siècles à peine, l'idée de l'assurance sur la vie a pris naissance; c'est au milieu des institutions démocratiques qu'elle est appelée à trouver son plus brillant avenir. L'assurance par l'Etat, moyennant des primes forcées prélevées, comme l'impôt, sur le revenu ou sur les salaires, sera peut-être le dernier mot vrai des théories socialistes.

Le travail quotidien considéré comme source unique de la fortune ouvrière est soumis dans sa production et sa durée à des chances multiples dont la plus fatale est la mort ; la seule garantie contre cette ruine est l'assurance en cas de décès. D'autre part, c'est la division de la propriété et partant la modicité de la richesse individuelle qui contribuent surtout à engendrer l'idée d'épargne dont l'asssurance en cas de décès est le mode le plus fécond. Voilà pourquoi l'origine de notre institution est toute moderne.

C'est en Angleterre, au commencement du siècle dernier, que l'on voit apparaître pour la première fois, l'assurance sur la vie à l'état d'institution. Le peuple anglais, pratique avant tout, dès les premiers essais qui en furent faits par l'*Amicable society*, société autorisée en 1706 par un charte royale, en comprit tous les avantages. La haute aristocratie terrienne lui apporta elle-même un concours puissant. Elle permettait de constituer au profit des cadets une fortune mobilière comme compensation au dépouillement dont les droits de l'aîné le rendaient légalement la victime. Un sentiment d'humanité devenu naturel, après l'orgueil de la grande propriété foncière, y trouvaient leur compte. Son développement fut tel dans les deux classes si distinctes qui se partagent ce peuple, qu'en 1875 on comptait 1 anglais assuré sur 48, ainsi qu'il résulte d'une statistique présentée à l'Assemblée nationale, dans sa séance du 21 juin de la même année, par un de ses rapporteurs.

En France, où l'assurance sur la vie ne fut introduite que postérieurement, elle ne compte, d'après la même statistique, qu'un adepte sur 358 habitants. L'esprit français est moins enclin à la prévoyance que celui des peuples du nord. D'autre part, l'assurance sur la vie eut le malheur de suivre de près dans son apparition, le désastre des trop fameuses *Tontines* qui importées d'Italie en 1653, par Lorenzo Tonti, furent par Mazarin érigées en institutions publiques et durent être supprimées par un édit de Louis XIV. Elles continuèrent à exister comme institutions privées, mais les désastres de la caisse Lafarge achevèrent leur ruine dans l'opinion publique. L'assurance sur la vie ayant, comme ces funestes combinaisons financières, sa base dans des calculs de probabilités viagères, subit le contre-coup de la méfiance générale.

C'est en grande partie à cette influence malheureuse qu'il faut attribuer les nombreuses vicissitudes par lesquelles passa l'existence légale de la nouvelle institution. En 1589, le *Guidon* de la mer, et en 1681, l'ordonnance de la marine la prohibèrent formellement. Ces documents législatifs nous fournissent la preuve que, si depuis le XVIe siècle l'idée de l'assurance sur la vie avait déjà pris quelques germes, ce n'était que comme accessoire et venant se greffer accidentellement sur l'assurance maritime. Le principe existait, son application n'était pas encore généralisée. Il faut néanmoins reconnaître que Pothier qui, au n° 27 de son traité du contrat d'assurance commente l'art. 10 de l'ordonnance, pour approuver sa disposition prohibitive pour cause d'immoralité, se fait du contrat une idée très exacte et identique à celle que nous en avons aujourd'hui. Quoiqu'il en soit en 1787, bien que réprouvée par les lois, l'idée a grandi et triomphé ; c'est alors qu'un premier arrêt du conseil du roi, un second en 1788, autorisent à perpétuité en France, les assurances sur la vie et en concède pour quinze années le privilège exclusif à la société fondatrice, « révoquant, Sa Majesté, en tant que besoin, toutes dispositions contraires à celles du présent arrêt. »

La Révolution arrêta ces premiers essais, et un décret du 24 août 1793, décida qu'à l'avenir il ne pourrait être établi, formé ou conservé de Compagnies d'assurances sur la vie, sans autorisation du Corps législatif. L'assurance sur la vie était de nouveau, sinon strictement prohibée, tout au moins proscrite en France, comme suspecte.

Ainsi défendu et autorisé tour à tour, notre contrat allait être de nouveau l'objet d'un examen de la part des rédacteurs de nos Codes. La question de sa validité semblait devoir être de nouveau discutée et définitivement tranchée. Il n'en fut rien cependant et nous nous trouvons au début de notre travail en présence de l'éternel problème de la légalité de l'assurance sur la vie, problème aujourd'hui stérile, mais jusqu'à ces derniers temps difficile à résoudre et qui a donné lieu aux controverses les plus passionnées.

L'article 1964 de notre Code civil, au titre *des contrats aléatoires*, range l'assurance en général parmi les contrats aléatoires, mais ne mentionne pas les assurances sur la vie. La question resterait intacte, si Portalis, dans son exposé des motifs du titre *de la vente*, n'avait prononcé contre les assurances sur la vie, un véritable réquisitoire qui semble impliquer leur proscription dans l'esprit du législateur : « Il est des contrées, dit-il, où l'on autorise des assurances sur la vie des hommes, mais en France, de pareilles conventions ont toujours été prohibées. Nous en avons la preuve dans l'Ordonnance de la marine de 1681, qui n'a fait que renouveler les défenses antérieures. L'homme est hors de prix, sa vie ne saurait être un objet de commerce; sa mort ne peut être l'objet d'une spéculation mercantile. »

Au Code de commerce, nous ne rencontrons pas davantage de texte précis sur la question. Peut-on comprendre la vie humaine parmi ces : *toutes autres choses ou valeurs estimables à prix d'argent, sujettes aux risques de la navigation*, dont l'article 334 (*in fine*) autorise l'assurance maritime ? On l'a prétendu; le préjudice d'une mort prématurée pouvant très bien faire l'objet d'une estimation. Dans le même sens, de ce que le Code de commerce ne reproduisait pas formellement les prohibitions du *Guidon* de la mer et de l'ordonnance de 1681, on a conclu à la validité de l'assurance sur la vie. Nous répondons que le rappel de ces prohibitions, pas plus que l'abrogation expresse des décrets du conseil du roi de 1787 et 1788, n'étaient nécessaires, puisqu'ils avaient été abrogés en dernier lieu par le décret du 24 août 1793.

Quant à l'argument tiré de certaines expressions du texte de l'art. 334, les travaux préparatoires le réfutent d'une façon catégorique. Il résulte clairement de la discussion qui précéda le vote de l'art. 334 par le Corps législatif, que le législateur, bien loin de comprendre la vie humaine parmi *les autres choses estimables à prix d'argent*, a entendu au contraire, prohiber l'assurance sur la vie, ou plutôt maintenir les prohibitions antérieures qui la frappaient. Voici en effet en quels termes s'exprimait le rapporteur de la loi, M. Corvetto : « La rédaction de l'art. 334 a paru répondre avec une plus grande exactitude aux articles 9 et 10 de l'Ordonnance, qui permettaient d'assurer la liberté des hommes et défendaient les assurances sur la vie; la liberté est estimable à prix d'argent; la vie des hommes ne l'est pas. Cependant il y a une exception à ce second principe; la vie des esclaves de Guinée est estimable à prix d'argent, quoique ce soient des hommes ; car l'application qu'on leur a fait de la doctrine romaine n'est pas allée jusqu'à leur refuser cette qualité. L'Ordonnance en défendant en général l'assurance sur la vie des hommes, paraîssait ou supposer que les nègres ne l'étaient pas, ou proscrire l'assurance sur la vie. La rédaction adoptée écarte toute équivoque. »

On s'est encore fondé pour établir la légalité des assurances sur la vie, sous l'empire du Code de commerce, sur une autre considération qui aurait une grande importance si elle était établie d'une manière certaine. L'Ordonnance a-t-on dit avait pour but de frapper une spéculation immorale, *la gageure* sur la vie humaine seulement. « Elle n'attaquait, dit M. de Montluc, que l'assurance sur la vie telle qu'elle était généralement considérée alors, soit en Angleterre, soit en Italie, l'assurance sur la vie telle que la décrit Roccus (reip. leg. 74) *vita hominis assecurari potest, ut puta, si talis dominus moriatur in hoc anno, promittis mihi decem; et si non moriatur, ego promitto tibi centum.* » Une pareille opération de la nature d'une gageure ou d'un pari pur et simple, voilà tout ce qui pouvait être prohibé par l'Ordonnance; voilà par conséquent tout ce qui peut encore être prohibé par notre législation.

Qu'à un moment donné, en Angleterre et en Italie, on

ait parié sur la vie humaine, c'est ce que l'histoire nous apprend. Que l'Ordonnance de 1681 ait eu le but d'empêcher ces mêmes paris de se produire en France, cela paraît probable. Mais nous pensons, contrairement à l'opinion de M. de Montluc, qu'elle contient une prohibition plus générale, frappant l'assurance sur la vie, pari, gageure, non moins que l'assurance sur la vie, contrat d'indemnité. La preuve c'est qu'il a fallu un arrêt du conseil du roi pour permettre de pratiquer les véritables assurances et que cet arrêt croit devoir révoquer *toutes dispositions contraires*, faisant sans nul doute allusion aux prohibitions de l'Ordonnance. De plus Pothier qui commente cette ordonnance et en approuve les dispositions, envisage l'assurance interdite comme un moyen de dédommager un père, par exemple, de la perte de son fils. (Pothier. *Cont. d'ass. n° 27.*) Il faut donc reconnaître que le législateur de 1808 a repoussé de nos lois l'assurance sur la vie, par les mêmes motifs, si l'on veut, par les mêmes préjugés, qui avaient fait inscrire leur prohibition dans notre ancien droit.

Cette même idée juridique a de nos temps encore rencontré un puissant interprète dans M. Dupin qui, lors du fameux procès de la Pommeraye (4 juin 1864), s'élevait avec énergie contre le contrat d'assurance sur la vie qui renferme comme élément inévitable le *votum mortis*, qui pousse au crime.

Pour nous qui avons admis que l'article 334 Code de commerce contient une prohibition formelle de l'assurance sur la vie, nous ne pensons point non plus, comme l'ont fait quelques auteurs, que sa validité ait été législativement consacrée par une décision du conseil d'Etat rendue en 1818 et qu'on a invoquée en sa faveur. Interrogé à cette époque par le gouvernement, sur le point de savoir s'il y avait lieu d'autoriser les Sociétés anonymes à s'engager à payer une somme déterminée au décès d'un individu, le Conseil répondit favorablement en assimilant l'opération aux contrats aléatoires permis par le Code, et en faisant suivre son avis d'une note contenant l'éloge de l'assurance sur la vie. A nos yeux, un avis du conseil d'Etat, sauf sous l'empire de la loi du 16 septembre 1807, ne peut abroger une loi et permettre ce que la loi elle-même a défendu.

La question est donc restée intacte jusqu'à la loi du 4 juin 1850 qui soumet les Compagnies d'assurances sur la vie, déjà devenues fort nombreuses, à l'impôt du timbre. C'était reconnaître et proclamer fiscalement la légalité de l'assurance sur la vie. Devant cette reconnaissance faite par le législateur lui même le doute n'était plus possible, il ne restait qu'à s'incliner et c'est ce que les partisans de notre opinion ont fait bien volontiers. Cette loi fut suivie de plusieurs autres ; celle du 24 juillet 1867 sur les Sociétés ; celle du 11 juillet 1868 qui donne à l'assurance sur la vie le caractère d'une institution publique; enfin une loi récente du 23 juin 1875 relative à certains droits d'enregistrement, qui ne laissent plus à la controverse qu'un intérêt purement historique.

Limitant notre étude dans un champ aussi vaste, nous étudierons l'assurance sur la vie dite : *assurance en cas de décès pour la vie entière* et nous examinerons sommairement à titre de comparaison une autre forme d'assurance sur la vie dite : *assurance temporaire.*

CHAPITRE I

Caractères juridiques du Contrat d'assurance sur la vie entière.

Un contrat défini dans sa nature et déterminé dans ses effets par le législateur présente souvent dans l'application des difficultés qui appellent l'étude et soulèvent les controverses; bien plus grandes encore seront ces difficultés, plus insolubles seront ces controverses, si non seulement à son origine on a contesté sa légalité elle-même, mais si encore, cette légalité consacrée par l'usage, il n'a reçu aucune sanction législative. Nous savons que telle est la situation faite au contrat d'assurance sur la vie.

On se trouve dès lors, au début même de son étude, en présence de deux voies divergentes.

La première conduit à reconnaître à ce contrat nouveau-né une existence originale, sans règles propres, et à lui donner place dans la grande catégorie des *contrats innommés*; c'est dans son article 1107 que notre Code civil, n'ayant point la prétention de prévoir l'avenir, et voulant éviter de lui fermer la porte, a ouvert une large hospitalité aux nouveaux venus et les soumet simplement aux règles générales des conventions, leur permettant ainsi de naître et de se développer librement dans ces larges limites.

La seconde voie tend à rechercher si, dans l'essence du nouveau contrat, il ne se rencontre point certains caractères d'analogie avec d'autres *contrats nommés* et règlementés, et fort de cette parenté plus ou moins éloignée, l'étreindre dans des règles plus étroites.

Au second procédé, qui prête plus à la discussion et même à la sophistique, je préfère le premier, qui me paraît plus conforme à l'esprit de notre législature et de l'art. 1107, et surtout plus favorable au progrès des transactions sociales.

La plupart des auteurs qui se sont occupés de la matière des assurances sur la vie se sont pourtant ralliés à cette seconde méthode, et nous verrons que pour avoir voulu forcer les diverses opérations qui se pratiquent sous cette même dénomination à rentrer uniformément dans la classe des assurances ordinaires, ils auraient tué l'invention elle-même dans son principe et dans son but, s'ils n'avaient en même temps consenti à être souvent illogiques et à recourir parfois aux plus subtils raisonnements.

C'est ainsi que sans exception les Compagnies présentent au public, sous le nom d'assurances sur la vie, toutes les opérations quelles qu'elles soient, ayant pour point de départ la vie humaine. Elles appliquent cette qualification uniforme, d'abord aux contrats constitutifs de rentes viagères, soit que la jouissance des arrérages commence immédiatement ou qu'elle soit différée, c'est-à-dire qu'elle ne doive commencer qu'après un certain délai.

Elles font même rentrer les tontines sous ce titre commun. Elles n'ont pas été, jusqu'au bout, suivies dans ces errements par les auteurs dont nous venons de parler; liés par les articles 1961 et suivants du Code civil, ceux-ci ont conservé à ces opérations viagères la qualification et les règles établies par la loi.

Mais sans nulle distinction, ils ont vu des assurances sur la vie dans toutes les combinaisons suivantes :

1° Assurance *pour la vie entière:* c'est celle qui garantit un capital exigible au décès de l'assuré quelle que soit l'époque à laquelle le décès ait lieu. Elle peut être contractée sur deux têtes et alors se prête à deux combinaisons : dans la première le capital est exigible par le survivant lors du premier décès ; dans la seconde il ne devient exigible qu'après le second décès seulement.

2° Assurance *temporaire :* elle garantit un capital payable au décès de l'assuré, mais dans le cas seulement où ce décès aurait lieu avant une époque déterminée.

3° Assurance *de survie :* elle garantit le paiement d'un capital ou d'une rente au décès de l'assuré, mais dans le cas seulement où celui-ci viendrait à décéder avant une personne désignée et bénéficiaire du contrat.

4° Assurance *de capital différé :* elle garantit le paiement d'un capital à la condition que l'assuré soit encore vivant à une époque indiquée par le contrat.

5° Assurance *mixte* : elle garantit le paiement d'un capital soit à l'assuré lui-même s'il est vivant à une époque déterminée, soit à ses héritiers ou ayants droit et aussitôt après son décès, s'il meurt avant cette époque.

6° Assurance *à terme fixe :* elle garantit le paiement d'un capital exigible à une époque déterminée, que l'assuré soit vivant ou mort, les primes cessant d'être dues à la mort de l'assuré.

Nombreux sont les auteurs qui ont commis la même confusion. Qu'il suffise, parmi les principaux, de citer M. Bravard-Veyrières, dans son manuel de droit commercial; M. de Montluc, dans son ouvrage couronné par l'Académie de Paris. Ils ont bien avoué qu'il était difficile de faire rentrer sous une dénomination commune ce qu'ils appellent les combinaisons constituant l'*assurance d'un capital différé* et l'*assurance sur la vie proprement dite ;* mais, tout en reconnaissant à ces deux classes d'opérations des caractères diamétralement opposés, bien que les distinguant en assurances *en cas de vie* et assurances *en cas de décès*, ils leur donnent aux unes et aux autres la qualification juridique d'*assurance ;* ils leur imposent les règles spéciales à ce contrat. Il n'y a donc dans leur esprit qu'une distinction de terminologie sans importance. De même M. Couteau, dans un ouvrage récent, semble aller encore plus loin ; négligeant cette distinction, qui pour lui ne résiderait que dans les mots, il n'hésite pas à admettre que, quelles que soient la durée et les conditions du contrat, c'est toujours une assurance et les règles de l'assurance lui sont applicables. M. Persil enfin, n° 292, soutient que « les assurances différées ont tous les avantages du contrat d'assurance. »

En sens contraire, M. Quesnault, examinant accidentellement ce point de vue dans son traité sur les assurances terrestres, met en doute la valeur légale elle-même des assurances d'un capital différé; mais en tous cas leur refuse absolument le caractère de véritable assurance. M. Alauzet déclare de même qu'à ses yeux il est difficile de voir dans de pareilles stipulations un contrat d'assurance ; mais l'utilité qu'il leur reconnaît lui fait paraître également difficile de les taxer d'illégalité.

Que cette divergence d'opinions les plus autorisées nous

permette de considérer comme hardie la tendance à couvrir d'un même nom et surtout à englober dans une même étude des opérations aussi distinctes dans leur fonctionnement et qui se marquent surtout par des différences ; qu'elle nous permette également de la déclarer dangereuse, car elle courbe sous des règles uniques et uniformes des stipulations dont le but originaire et l'application dans la pratique visent à des résultats absolument distincts.

De là impossibilité de généraliser ; nécessité au contraire de spécialiser notre étude.

Parmi toutes ces combinaisons que nous venons d'examiner, qui toutes ont sans doute un point de départ commun, la vie humaine, mais qui diffèrent profondément, dans leur but aussi bien que dans leurs éléments essentiels, tels que la nature du terme choisi, sa durée, l'étendue même des obligations réciproques des contractants ; nous avons choisi, ainsi que nous le déclarons dès le début, le contrat d'assurance, en cas de décès, *pour la vie entière* ; mais nous ajouterons quelques mots seulement sur une autre forme, le contrat d'assurance, en cas de décès, *temporaire*, qui semble s'en rapprocher le plus, afin de bien faire ressortir les différences radicales et pour ainsi dire constitutionnelles qui les séparent.

L'assurance en cas de décès pour la vie entière est une convention par laquelle l'un des contractants (assureur), *s'engage moyennant, soit une somme une fois payée, soit des prestations périodiques par l'autre contractant* (assuré), *à payer à l'époque du décès d'une personne déterminée, aux héritiers ou ayants-droit de celui-ci, un capital fixé.*

Tenons-nous-en, pour le moment, à cette définition

qui donne l'idée générale des effets du contrat, sans préciser sa nature juridique :

Cette nature juridique est en effet des plus contestées et a fait naître des opinions diamétralement opposées.

Contrairement au système le plus accrédité, nous soutiendrons que le contrat communément désigné sous le nom d'*Assurance en cas de décès pour la vie entière* n'est pas un véritable contrat d'assurance. C'est là presque toute notre thèse.

A l'inverse, le contrat d'*assurance en cas de décès temporaire* est et ne peut être qu'un contrat d'assurance.

Il nous faut donc exposer le système qui voit dans notre contrat une véritable assurance.

SECTION PREMIÈRE

L'ASSURANCE SUR LA VIE ENTIÈRE EST UN CONTRAT D'ASSURANCE

Il ne faut pas oublier que ce sont les assureurs qui ont imaginé dans un but de spéculation à l'abri de tout blâme les opérations viagères appelées assurances sur la vie ; ils l'ont fait sans être jurisconsultes et sans se préoccuper des conséquences de telle ou telle expression, au point de vue juridique ; on marchait à tâtons dans une voie nouvelle et on s'inquiétait beaucoup plus du succès de tentatives qui pouvaient passer pour hardies que de leur exacte définition. Ce fut seulement lorsque les opérations eurent trouvé du crédit et acquis quelque importance qu'on s'aperçut que le contrat nouveau-né n'avait pas d'état civil ; nous savons même que pendant longtemps il ne dût son existence légale qu'à la reconnaissance de l'opinion publique. Les auteurs de l'institution nouvelle qui furent ses parrains la baptisèrent du nom qui devait être le plus favorable à son développement et à sa vulgarisation ; aussi la doctrine unanime des auteurs appartenant au monde spécial des assurances fut-elle et est-elle encore aujourd'hui qu'il y a là une véritable assurance ; ils ont voulu mettre et maintenir à sa base ces principes même d'assurance, qui par leur haut caractère de moralité sont de nature à attirer la bienveillance publique.

Je n'oserai point croire que la désignation acceptée ait été de quelque influence sur les esprits des nombreux jurisconsultes qui ont embrassé la même doctrine et que, le nom désignant une assurance, ils aient voulu y trouver la chose. Je remarque seulement que la plupart écrivaient dans la première moitié du siècle, alors que la légalité de l'institution elle-même était fortement attaquée et que l'idée d'assurance mettait sous leurs plumes un puissant argument pour proclamer sa moralité et leur permettait surtout de répondre victorieusement à ceux qui voulaient faire voir dans l'assurance en cas de décès une forme de pari.

L'exposé de leur doctrine va nous montrer comment ils sont arrivés à découvrir dans ce contrat les caractères constitutifs de l'assurance proprement dite.

Les éléments essentiels spéciaux au contrat d'assurance sont, de l'avis unanime des auteurs, au nombre de quatre :

1° *Un objet susceptible d'être assuré.*

2° *Un risque auquel cet objet soit exposé.*

3° *Une indemnité à payer à l'assuré par l'assureur, si le risque se produit.*

4° Une somme fixée à payer par l'assuré à l'assureur pour prix de la garantie, ou primes.

Les partisans de cette opinion prétendent rencontrer ces quatre éléments dans l'assurance en cas de décès pour la vie entière. Examinons.

§ I. — Objet susceptible d'être assuré.

A ce point de vue une première objection fut faite, qui pendant longtemps a paru décisive. Elle a été formulée par Pothier, disant : « Qu'il est contraire à la bienséance publique de mettre à prix la vie des hommes ; que d'ailleurs la nature du contrat d'assurance étant que l'assureur se charge de payer l'estimation de la chose assurée, la vie d'un homme né libre n'étant susceptible d'aucune estimation, elle ne peut par conséquent être susceptible d'un contrat d'assurance. » Il voulait ainsi justifier la prohibition de l'ordonnance de 1681.

Pothier avait raison, si l'on considère la vie au point de vue soit des affections, soit des plaisirs et des jouissances que l'on goûte pendant sa durée ; il est vrai de dire que c'est là pour le philosophe un bien inaliénable et qui doit rester en dehors du commerce. Mais pour l'économiste, la vie n'est-elle pas un bien ayant dans le patrimoine de l'homme une valeur pécuniaire ? N'est-ce pas avec raison qu'il substitue au vieux brocard : *liberum corpus œstimationemi non recipit*, cet autre plus modeste et plus pratique : *l'homme est un capital* ? Chaque être humain, en effet, représente une valeur suivant sa force physique ou ses aptitudes intellectuelles ; la possibilité de travailler, voilà le capital dont l'a doté la nature, le produit de ce travail en sont les revenus. Si le travail est une condition de la vie, il n'est pas moins vrai de dire que la durée de la vie est une condition du travail ; la mort peut donc détruire ce capital. Enfin ne trouve-t-on pas la preuve même de ce principe dans ces formules usuelles du langage : *Que vaut cet homme? Quelle est sa valeur?*

Sur ce terrain il était facile de triompher de l'objection.

Cette idée même n'est point restée étrangère au domaine du droit. La vie humaine, dans le sens que nous venons d'indiquer, est souvent prise comme objet de transactions. On l'achetait autrefois, c'était l'esclavage ; on la loue aujourd'hui, c'est le salariat. Bien plus, et chaque jour les tribunaux, faisant application de l'article 1382 du Code civil, lorsque la vie d'un homme a été détruite par un délit ou un quasi-délit, apprécient en argent le prix de cette existence. C'était déjà chez les Francs le *wergeld*, tarifant la valeur de la victime, suivant sa race et sa dignité (1).

L'objection a été poussée plus loin. Soit, a-t-on dit, la vie humaine est un bien incorporel pouvant faire l'objet d'un contrat ; mais au moment où le contrat interviendra, ce bien n'aura aucune valeur intrinsèque. Ce n'est, au fond, qu'une créance successive sur l'avenir. Or, si en vertu de l'art. 1130, Code civil, les choses futures peuvent faire l'objet d'une obligation ; si on peut vendre ou louer un bien à venir, peut-on l'assurer ? L'esprit de l'art. 347, Code de commerce, est absolument opposé à cette idée.

(1) Il faut cependant reconnaître que l'estimation de la valeur vénale accordée à la vie humaine n'est point encore entrée dans nos mœurs avec toute la latitude dont elle est susceptible. C'est ainsi que l'indemnité qui sera facilement accordée aux parents de la victime sera toujours refusée à ses créanciers dont ce capital était cependant le gage et au préjudice desquels il a été détruit.

Il interdit d'assurer le profit exposé des marchandises, le profit maritime des sommes prêtées à la grosse, non moins que le frêt à faire sur le loyer des gens de mer. Cette disposition, empruntée en grande partie à l'Ordonnance de 1681, émane d'un principe qui ne laisse pas de doute possible; il est permis de faire assurer ce qui court le risque d'être perdu et non ce qui court le risque de n'être pas gagné, c'est-à-dire les biens futurs.

Ce sont là, répond-on, des mesures dictées par des considérations spéciales aux assurances maritimes et dans l'intérêt plus ou moins bien compris de la navigation. Cette prohibition doit rester sans effet en notre matière ou tout au moins ne peut servir de point de départ à une théorie générale en matière d'assurance. La meilleure preuve résulte du reste de l'art. 342, Code de Commerce, qui précisément en matière d'assurances maritimes autorise la *réassurance* en ces termes : « l'assureur peut faire réassurer par d'autres les effets qu'il a assurés. » Or, la réassurance n'a pas pour objet la propriété des marchandises qui est la matière même de la première assurance, puisqu'elle reste absolument étrangère au propriétaire de ces marchandises, c'est donc uniquement la perte éventuelle à laquelle le premier assureur est exposé qui forme l'objet du contrat ; c'est une chose future.

C'est ainsi, au surplus, que personne ne conteste la validité d'une assurance ayant pour objet des récoltes à venir (1).

(1) Cette opinion, qu'un bien qui n'existe pas encore ne peut en droit faire l'objet d'une assurance, quoique en apparence un peu spécieuse, n'est pourtant point dépourvue de fondement. On peut vendre un bien futur; prenons pour exemple le croît à venir d'un animal déterminé. La vente est faite sous cette condition suspensive ; si dans le délai fixé l'animal met bas, l'assurance se

Peu importe enfin, ajoute-t-on en résumé; de même que la source du ruisseau est distincte de son cours, de même pour nous à l'instant du contrat, la vie est une entité distincte des revenus dont elle est la source. C'est un bien actuellement existant, ce bien est dans le commerce ; nous l'avons montré : partant il peut faire l'objet d'un contrat d'assurance.

§ II. — Risques.

Une fois admis que la vie est un bien susceptible en droit d'estimation pécuniaire, il en résulte que la mort qui peut la détruire à chaque instant est un *risque ; c'est bien là un événement incertain dont la réalisation nous causerait un préjudice.* Or l'assurance n'est pas autre chose qu'un contrat par lequel une personne prend à sa charge les risques qui menacent une autre personne. C'est ce que fait l'assureur sur la vie.

réalise-t-elle? la vente devient parfaite; si au contraire l'animal avorte, elle est résolue faute d'objet. Mais une condition de cette nature est-elle compatible avec le contrat d'assurance? Qu'au lieu de vendre le croît espéré, j'assure cette espérance : si l'animal avorte, le contrat n'ayant point eu d'objet, devrait, comme la vente, être résolu; s'il met bas au contraire ce contrat sera valable, puisqu'il aura un objet; mais il deviendra inutile, puisque l'espérance contre la perte de laquelle j'avais voulu me prémunir, par l'assurance, se trouve désormais réalisée.

Quant à l'argument d'analogie tirée de l'assurance des récoltes à faire, il est sans portée. Avant d'être détruites par le sinistre contre lequel elles sont assurées, elles ont eu un instant d'existence qui a suffi pour la formation du contrat. Mais si avant qu'elles aient commencé à pendre par branches ou par racines, racines et branches étaient détruites, hésiterait-on à déclarer sans effet l'assurance de ces récoltes ?

On peut parfaitement se rendre compte que la mort d'un homme est un risque appréciable pécuniairement et juridiquement. Il est évident qu'entre une certaine somme répétée un certain nombre de fois et la même somme répétée un nombre de fois plus considérable il y a une différence substantielle sur laquelle on peut raisonner : c'est précisément cette différence qui forme l'intérêt du bénéficiaire d'une police d'assurance sur la vie, à être préservé contre le risque, qu'au lieu de se renouveler un certain nombre de fois, ce même revenu vienne à s'éteindre à une époque où l'accumulation n'a pas encore pris tout son développement naturel. La mort prématurée aura donc causé un préjudice appréciable et appréciable numériquement. Cette mort *prématurée*, tel est le risque.

Retenons ces deux points qui sont la base du système que nous exposons et dont nous aurons à examiner la solidité.

1° Le risque est, en droit, un événement *incertain* dont la réalisation nous causerait un préjudice ;

2° Dans l'assurance en cas de décès pour la vie entière, cet événement incertain et préjudiciable c'est la mort *prématurée*.

§ III. — Indemnité.

Les défenseurs du système que nous exposons sont obligés de reconnaître que celui qui a stipulé l'assurance sur sa propre vie ne doit point être considéré comme l'assuré : l'assuré est celui au profit duquel le capital de l'assurance est stipulé payable, *celui pour lequel la mort de l'assuré est un préjudice*. La somme payée par l'assurance étant destinée à réparer le préjudice causé par cette mort, préjudice qui a été démontré appréciable en argent, est donc bien une *indemnité*. Notre contrat est donc bien un contrat d'assurance, puisque comme toute assurance, il est fait de *damno vitando* et non *de lucro captando*.

Comme dans la plupart des contrats d'assurances, le montant de cette indemnité est fixé d'avance; cette détermination préalable est même indispensable dans notre cas : « parce qu'il serait souvent difficile et même impossible de trouver après l'événement des bases certaines d'après lesquelles on pût reconnaître et déterminer le montant du préjudice. » Telle est la raison qu'en donne M. Pardessus dans son cours de droit commercial, t. II, n° 59.

Il faut avouer que c'est un étrange préjudice que celui qu'on ne peut apprécier, précisément après qu'il s'est produit.

§ IV. — Primes.

La contre-valeur du risque à fournir à l'assureur par l'assuré, c'est la *prime*. Nous la trouvons dans notre contrat comme dans toute autre assurance ordinaire. Cela est si vrai que la cessation de cette prestation habituellement périodique constitue décharge du risque pour l'assureur.

En résumé, de même que l'assurance maritime n'empêche pas les naufrages, non plus que l'assurance contre l'incendie n'empêche l'édifice de brûler, mais répare le préjudice d'argent éprouvé par le négociant ou le propriétaire, de même l'assurance en cas de décès pour la vie entière n'a pas la prétention de prolonger la vie, mais offre seulement une compensation au préjudice d'argent causé par une mort prématurée au patrimoine du défunt.

Il a donc suffi de démontrer que ce préjudice existait par la mort de l'assuré à l'encontre du bénéficiaire de l'assurance, que de plus il était appréciable en argent pour démontrer comme conséquence que notre contrat est une véritable assurance.

SECTION DEUXIÈME

L'ASSURANCE EN CAS DE DÉCÈS POUR LA VIE ENTIÈRE N'EST PAS UN CONTRAT D'ASSURANCE

C'est tel que la pratique l'a créé qu'il faut examiner ce contrat. A ce point de vue théorique il est facile de se rendre compte que semblable convention n'est pas un contrat d'indemnité ; qu'à l'opposé d'une véritable assurance, et en ce qui concerne tout au moins l'assuré, il est dans le plus grand nombre des cas, fait *de lucro captando*, et non uniquement *de damno vitando ;* pour retirer un profit et non compenser une perte réelle.

Si dans certains cas, comme celui où il s'agira d'un père de famille qui par son travail nourrit ses enfants, la mort enlèverait certainement à son patrimoine une valeur qu'une indemnité pourrait y compenser, dans les autres hypothèses qui sont de beaucoup les plus nombreuses, il est impossible de découvrir les éléments d'une assurance. Aucun préjudice n'est causé par la mort d'un oisif, d'un valétudinaire, d'une personne que l'âge a rendue incapable de tout travail. Nos adversaires sont contraints de considérer, pour la rendre susceptible d'assurance, la vie comme étant une source de revenus ; mais, que devient leur système si la vie assurée loin d'être fertile est totalement et nécessairement inféconde ? De quelle perte la somme que le soi-disant assureur sera toujours obligé de payer au décès du soi-disant assuré, sera-t-elle la compensation ? Passe encore d'assurer des espérances ! mais ici ces espérances même n'existent pas, sont supposées ne pouvoir exister ?

De plus, nos adversaires ne peuvent trouver à cette évaluation de l'indemnité qu'une seule base : la convention des parties. Rien n'est plus formellement contraire au principe d'une véritable assurance. Le Code de commerce pose cette règle incontestable, que l'assurance ne peut couvrir que le dommage réel éprouvé, et cette règle a été étendue avec la plus grande rigueur aux contrats d'assurances terrestres. Le navire périt, la maison brûle, l'assurance paie la valeur de la maison ou du navire, mais cette valeur seulement au moment du sinistre, si l'assurance avait été faite pour une somme plus élevée, l'indemnité devrait toujours être réduite au dommage matériel éprouvé. Le Guidon de la mer accentuait encore ce principe lorsqu'il posait comme maxime (Ch. 11, art. 13), que l'assuré ne peut recevoir profit du dommage d'autrui (l'assureur) et exigeait que l'assuré restât toujours à découvert d'un dixième. Saisi en 1807 de cette question, le conseil d'État repoussa une précaution aussi excessive, mais maintint le principe, en interdisant rigoureusement l'assurance des profits espérés et c'est en vain qu'un projet de loi modificatrice fut déposé le 15 octobre 1873 sur le bureau de l'Assemblée nationale, appuyé des réclamations des Chambres de commerce les plus importantes, notamment de celles de Bordeaux et de Nantes (*Journal des assurances*, 1875, p. 147). La jurisprudence, qui n'a du reste jamais varié, a confirmé ce principe par un arrêt récent. (Dalloz, 1881, 1, 367.) Pour rester fidèles aux lois de l'assurance nos adversaires devraient donc admettre que si le travail de l'assuré cesse volontairement, que si un accident autre que la mort et contre lequel il n'est pas assuré le lui rend impossible, partiellement, il y aura une réduction à faire dans le montant de l'indemnité, totalement, le contrat sera résolu. L'assurance, en effet, ne pouvant répondre que des événements prévus, la perte de l'objet assuré par un autre événement résoudra le contrat. Ils n'ont pas osé aller jusqu'à cette conséquence forcée de leur système. C'est le condamner par cela même.

La pratique, d'accord avec l'intention des parties, est absolument contraire. Dans tous les cas la somme assurée devra être payée au jour du décès.

Allons plus loin. Non seulement l'obligation de l'assureur ne porte point sur une indemnité proportionnelle au préjudice causé par la mort; mais pour que cette mort constitue juridiquement un risque, il faut qu'elle puisse occasionner un préjudice; or, obligé de préciser dans l'opinion adverse, on est forcé de reconnaître qu'elle n'aura ce caractère que si elle arrive *prématurément*. Lors donc que l'assuré même productif, aura passé l'âge où non seulement il aura produit tout ce qu'un homme peut produire et accru son patrimoine de tous les revenus qu'il pouvait y ajouter, la mort survenant sera loin d'être pécuniairement préjudiciable à ce patrimoine, il faudrait alors décider que l'assurance aura produit tout son effet, que le risque a disparu, *cessante causa, cessat contractus*, et que l'assureur ne devra rien. Et cependant, conformément au but du contrat, l'obligation de l'assureur subsiste et il doit payer la totalité de la somme stipulée.

Il faut donc reconnaître qu'abstraction faite d'autres circonstances, la mort par elle-même n'est pas un risque.

Elle ne le devient qu'autant qu'elle est considérée comme pouvant arriver dans un délai préfix, dans dix ans, dans vingt ans par exemple, du jour du contrat ; car l'essence du risque est d'être un événement qui peut arriver ou ne pas arriver. Dans toutes les assurances réelles nous voyons que l'obligation de l'assureur est incertaine dans son existence ; elle existe sous la condition suspensive que la maison brûlera, que le navire fera naufrage, que la grêle détruira les récoltes et cela dans un temps d'une durée déterminée. L'obligation de l'assureur est donc *incertaine et conditionnelle.* (Code civil, 1181). Toute autre dans l'assurance en cas de décès pour la vie entière est l'obligation du soi-disant assureur. Loin d'être un événement incertain, la mort est par la loi fatale de la nature un événement absolument certain ; c'est à cet événement qu'est subordonnée la naissance de cette obligation, elle est donc *certaine* dans son existence. De plus l'incertitude de l'époque à laquelle elle deviendra exigible ne la rend point *conditionnelle* ; elle la soumet seulement à un *terme incertain.* Or, la conditionnalité de l'obligation de l'assureur est un des signes révélateurs des véritables assurances.

Deux contrats que distinguent des différences essentielles aussi radicales ne peuvent donc appartenir à la même espèce, être soumis à des règles identiques (1).

Frappés par la portée de cette simple analyse juridique,

(1) Dans une notice récente M. Leveillé a prêté accidentellement l'appui de son autorité à notre théorie. Le passage dans lequel l'éminent professeur semble se rallier à cette doctrine nouvelle est cité dans l'ouvrage de M. Adam : *Etude sur la nature du contrat d'assurance sur la vie*, page 6.

nos adversaires ont essayé de réfuter l'objection en se plaçant sur le même terrain.

Prenant pour point de départ de leur argumentation une clause habituellemement insérée dans les polices d'assurances sur la vie portant que le paiement des primes annuelles serait facultatif pour l'assuré, ils ont dit : les apparences, en effet, peuvent amener à considérer l'assurance sur la vie entière comme une opération à terme, le capital est stipulé payable à l'époque du décès; d'autre part ce décès arrivera certainement; il n'y a d'incertain que l'époque de ce décès; donc l'obligation paraît être contractée non sous une condition mais à terme incertain. Ce raisonnement serait exact si l'assurance pour la vie entière constituait une opération *unique* et engendrant des obligations fermes; mais il n'en est rien : il ne faut voir dans l'ensemble du contrat qu'une succession d'assurances temporaires d'un an chacune, puisque chaque année cesse l'obligation du preneur d'assurance qui n'est pas obligé d'exécuter le contrat jusqu'au dernier terme, le paiement des primes c'est-à-dire l'exécution, de son obligation, contre-partie de celle de l'assureur, étant facultatif. Dès lors comme dans toute assurance temporaire, pour un délai déterminé, l'obligation de l'assurance est conditionnelle dans son existence (1).

A quoi se réduit en réalité le contrat ?

1° A l'engagement par le souscripteur de payer une cotisation suffisante pour couvrir l'assurance de l'année ; 2° à l'engagement pour l'assureur de payer le capital assuré *sous la condition* que le décès survienne dans la période de temps couverte par l'assurance, c'est-à-dire dans

(1) Nous verrons, en effet, qu'incontestablement l'assurance temporaire sur la vie constitue une opération conditionnelle.

l'année. C'est ainsi qu'on arrive à rendre conditionnelle comme dans les assurances terrestres l'obligation de l'assureur pour la vie entière.

Quoique très-ingénieux, ce raisonnement ne résiste pas à la plus simple discussion,

Et d'abord, la stipulation du paiement facultatif des primes n'est pas de l'essence dû contrat. Les considérations qui l'ont fait introduire sont absolument étrangères au domaine juridique; on a uniquement cherché à attirer le public et surtout le public pauvre en lui facilitant les versements et en lui laissant la certitude qu'il pourra à son gré se retirer d'un contrat devenu trop onéreux. Dans ce cas tout ou partie des primes versées restent à l'assureur suivant la convention ; c'est ce que les polices appellent : *résiliation* ou *déchéance*. Mais si, pour ces motifs, le cas est plus rare, il se présente cependant où l'assurance est conclue moyennant le versement d'une prime unique et définitive. Dans cette hypothèse les obligations réciproques des parties sont évidemment fermes dès les débuts et celle de l'assureur notamment bien à terme et conditionnelle. Dans ce premier cas nos adversaires sont évidemment en défaut.

Mais supposons que le versement des primes ait été stipulé annuel et facultatif ; il n'en est pas moins certain que l'intention des parties est de faire produire un résultat au contrat et partant pour l'assureur de s'engager à payer au décès le capital assuré, pour l'assuré à payer les primes pendant tout le temps nécessaire à cet effet ; seulement par une dérogation aux règles tacites des conventions et dans le but dont nous venons de parler, l'assureur renonce au droit de réclamer en justice l'exécution de la convention. L'assuré pourra se dédire en abandonnant, bien entendu, tout ou partie des primes payées à titre de dommages-intérêts ; il n'y a qu'une stipulation expresse de cette condition résolutoire qui, en vertu de l'article 1184 du Code civil, est toujours sous-entendue dans tous les contrats synallagmatiques, pour le cas où l'une des deux parties ne satisferait pas à son engagement.

De même dans un bail de dix ans par exemple, qui réserve au preneur un droit de dédit à la fin de chaque année, l'obligation du bailleur n'en est pas moins ferme pour la durée des dix années.

En résumé nous soutenons que dans ce contrat d'assurance pour la vie entière, l'obligation de l'assureur n'est point comme dans les véritables assurances soumise à la condition *suspensive* de l'événement du risque, puisque cet événement se produira certainement, que partant elle n'est pas conditionnelle. On nous répond qu'elle est conditionnelle parce qu'elle est soumise à une condition *résolutoire*, le non paiement des primes. A ce compte et en vertu de l'art. 1184 Code de civil il serait impossible de trouver une obligation ferme dans un seul contrat synallagmatique.

Nous avons établi que notre contrat n'était point un contrat d'assurance proprement dit, mais un contrat *sui generis* ; qu'il rentrait dans la catégorie des contrats innommés. Voici la définition que nous en proposons :

L'assurance en cas de décès pour la vie entière est un contrat aléatoire d'une nature spéciale dans lequel, l'un des contractants (usuellement appelé assureur), s'engage à payer à l'autre contractant (assuré) une somme certaine, mais dont le prix et l'époque d'exigibilité sont soumis à un aléa, la mort d'une personne déterminée. Un droit de dédit est habituellement stipulé au profit de l'acquéreur.

Notre définition montre par elle seule que nous ne

voyons dans l'opération qu'une forme particulière des contrats aléatoires, susceptibles de différentes combinaisons. A ce point de vue nous l'analyserons plus complètement lorsqu'il s'agira d'exposer les règles générales auxquelles il doit être assujetti à ce titre.

Pour le moment nous nous demanderons si, ainsi conçue et définie, cette convention ne renferme rien de contraire aux lois. Quelques objections timides se sont élevées à cet égard.

Ainsi comprise, une telle stipulation, a-t-on dit, devient un *pari* et elle est prohibée par l'art. 1965 du Code civil qui refuse de le sanctionner en justice, ou tout au moins une *loterie*, et elle est interdite par la loi du 21 mai 1836.

En ce qui concerne le pari, nous répondrons que dans une stipulation de cette nature, il y a deux obligations, dont l'une est la cause de l'autre, suspendues chacune à un événement qui est en même temps la condition de la réalisation de la seconde ; le résultat est pour l'une ou pour l'autre des parties une acquisition *totalement gratuite*. Notre contrat n'aura au contraire jamais ce résultat ; l'assuré aura toujours à payer au moins le montant d'une prime, quant à l'assureur il n'acquerra jamais le montant total des primes versées, car il devra toujours tôt ou tard payer le capital assuré. La conséquence et le but du pari sont donc un gain ou une perte absolus pour l'une des parties. D'après notre convention chacune des parties au contraire ne peut perdre ou gagner que *partiellement* ; il peut même se faire qu'elles ne gagnent ou ne perdent ni l'une ni l'autre. « Ce qui distingue en général les contrats aléatoires reconnus par la loi, c'est que chacune des parties y est assurée d'un avantage quelconque, indépendamment de l'événement prévu par la convention. » (Portalis : *Exposé des motifs*).

De même pour la loterie : elle a un but unique, procurer un gain à qui prend un billet avec l'alternative d'une perte totale ou d'un gain disproportionné au prix fourni pour l'obtenir. Pour la contre-partie, un bénéfice est assuré, une perte impossible (1).

En prohibant le pari et la loterie qui ne sont que des formes du jeu, le législateur n'a eu qu'un but, empêcher de demander au hasard seul et sans qu'il en coûte rien, le moyen de s'enrichir subitement.

Ce ne sont certes point là les caractères de notre contrat aléatoire. Il se distingue par des points fondamentaux, et les prohibitions étant de droit strict, sa validité s'abrite derrière les art. 6 et 1134, Code civil, sur la liberté des conventions.

Il rentre donc dans la catégorie des contrats aléatoires, mais non des contrats aléatoires limitativement interdits.

Nous nous sommes déjà expliqué sur le droit de dédit réservé au preneur d'assurance par la stipulation du paiement facultatif des primes. Cette convention accessoire ne change en rien la nature du contrat principal. Son unique portée est de rendre le contrat résoluble de *plein droit* en cas d'énumération d'une condition déter-

(1) Une consultation du barreau de Paris, insérée dans la *Gazette des Tribunaux* (14 et 15 mars 1870) détermine les caractères distinctifs de la loterie : « Pour qu'il y ait loterie, il faut : 1° Que le but *principal* de l'opération soit d'offrir l'espérance d'un gain aléatoire ; 2° Qu'il y ait chance offerte de très gros bénéfices moyennant une faible mise ; 3° Qu'il y ait pour la plupart perte totale de la mise ; 4° Que le résultat final de l'opération soit l'attribution à quelques contractants privilégiés d'un bénéfice qui a pour base la perte subie par tous les autres ; 5° Qu'enfin l'opération appelle un grand nombre de contractants et que la chance de gain et de perte soit pour une seule classe de contractants et non pour les deux.

minée et d'enlever à l'assureur toute prétention à d'autres dommages-intérêts que la retenue de tout ou partie des primes versées.

Telle est donc notre convention ; un contrat rentrant dans la classe des contrats aléatoires non prohibés par la loi, et dans ces limites susceptible de toutes autres combinaisons. La cause de l'obligation de l'assuré, c'est une créance dès lors certaine dans son quantum, mais dont l'exigibilité est renvoyée à une époque incertaine moyennant un prix incertain dans son quantum, suivant qu'il devra payer plus ou moins longtemps les primes convenues, réalisant un bénéfice si par l'arrivée rapide du terme incertain, il n'a point versé un nombre de ces primes représentant en intérêts et capital le montant de la somme assurée ; perdant dans le cas contraire, pouvant ni perdre ni gagner. La cause de l'obligation de l'assureur, l'acquisition d'un capital de primes plus ou moins élevé avec les chances inverses de perte ou de gain.

Sans doute la définition que nous proposions dépouille l'opération de cette auréole de haute moralité dont la ceignait le nom d'assurance, mais elle ne lui soustrait aucun des avantages qu'elle lui conférait. Du reste elle est trop connue aujourd'hui par ses résultats bienfaisants et en elle-même, pour qu'un changement d'étiquette puisse désormais lui rien enlever de son prestige. Ajoutons qu'en établissant sa validité comme simple contrat aléatoire *sui generis*, nous la soustrayons aux règles étroites de l'assurance. C'est le but que nous cherchons et dont nous verrons bientôt l'immense avantage pour le développement de l'institution elle-même.

CHAPITRE II

L'Assurance temporaire sur la vie est une véritable assurance.

Nous ne nous occupons ici de l'assurance *temporaire* sur la vie qu'afin de montrer qu'à l'inverse de l'assurance pour la *vie entière*, ce contrat revêt tous les caractères d'une véritable assurance et ne peut exister légalement que comme assurance.

L'assurance temporaire est celle par laquelle l'assureur s'engage à payer au jour du décès de l'assuré une somme déterminée, *si ce décès survient dans une période fixée,* moyennant le versement par l'assuré d'une prime unique ou de primes annuelles pendant la même période. Dans ce dernier cas un droit de dédit peut être stipulé au profit de l'assuré.

Nous avons peu de choses à dire pour montrer que dans une convention de cette espèce se rencontrent les conditions essentielles d'une véritable assurance :

1° *Un objet susceptible d'être assuré.* — C'est la vie humaine considérée comme source de revenus et à laquelle nous avons reconnu cette qualité;

2° *Un risque.* — C'est la mort survenant dans un *délai fixé*. La mort peut arriver ou non dans le délai prévu et alors, comme dans toute assurance, l'obligation de l'assureur est *conditionnelle*. Nous nous trouvons donc en présence d'un véritable risque; événement préjudiciable et incertain ;

3° *Une indemnité.* — La somme au paiement de laquelle s'engage l'assureur a véritablement le caractère d'une compensation du risque survenant ; puisque, si ce risque ne se produit pas, elle ne sera point due ;

4° *Des Primes.* — Leur versement, tel est l'engagement pris par l'assuré. Quant au versement facultatif, nous nous sommes déjà expliqué sur sa portée qui est la même dans cette convention que dans toute autre.

Donc similitude absolue avec l'assurance ordinaire.

Mais ce qui est plus grave, c'est qu'il faut que ce contrat soit une assurance pour obtenir une sanction légale ; sinon il dégénère en pari.

Ce qui distingue le pari des contrats aléatoires permis, c'est qu'il contient pour l'un des contractants la chance d'un gain disproportionné et gratuit.

Pour l'assureur, si le décès ne survient pas dans le délai convenu, il gagne toutes les primes payées, sans rien débourser. C'est ce résultat qu'il cherche dans le contrat ; une acquisition gratuite.

Pour l'assuré, si le décès survient, dans le même délai, sans doute il aura payé les primes, mais la somme qui lui sera due par l'assureur sera tellement disproportionnée avec le montant de ses versements, les eût-il exécutés jusqu'à la dernière année de la convention, qu'on peut les considérer comme restituées avec un gros bénéfice en plus.

Quelle que soit l'issue, il y a donc pour l'un et l'autre des contractants chance d'un bénéfice considérable et gratuit. C'est un pari, à moins que ce ne soit une assurance.

Dans ce dernier cas la convention sera donc soumise à toutes les règles de ce contrat; elle ne pourra être qu'un contrat d'indemnité et sera sujette, sous peine d'illégalité, à toutes les restrictions dont nous aurons à parler.

Terminons par un argument de fait bien frappant en faveur de la thèse que nous soutenons contre l'opinion qui ne veut voir dans l'assurance *vie entière* qu'une assurance ordinaire. Ce que l'on cherche dans cette dernière opération, c'est moins une indemnité d'un préjudice causé par la mort qu'un enrichissement consistant en une créance certaine exigible au jour du décès. Ce premier résultat, on l'obtiendrait par une assurance temporaire bien moins coûteuse que l'assurance pour la vie entière. Il suffirait de la contracter pour la période de temps pendant laquelle l'homme est véritablement productif et la mort prématurée un réel préjudice. L'assurance temporaire est cependant à peu près complètement délaissée, l'assurance vie entière de plus en plus en faveur.

CHAPITRE III

Règles générales du contrat d'assurance en cas de décès (1).

Nous appuyant d'une part sur le principe de la liberté des conventions, nous avons dit que notre convention était un contrat innommé; d'autre part analysant son fonctionnement et particulièrement sa véritable nature juridique, nous avons soutenu que c'était un contrat aléatoire d'une espèce particulière, licite dans sa cause, licite dans son objet. Il nous reste à dire qu'il est :

1° *Consensuel ;* c'est-à-dire se formant par le seul accord des volontés; s'il est rédigé par écrit, même pour une valeur au-dessus de 150 francs, c'est *ad probationem* et non *ad solemnitatem*. Il peut être rédigé en la forme authen-

(1) L'usage nous fait une nécessité de conserver au contrat que nous étudions la dénomination d'*assurance sur la vie en cas de décès*, aux parties, celle d'*assureur* et d'*assuré ;* bien qu'à notre point de vue cette terminologie soit absolument inexacte.

tique ou sous-seing-privé, conformément à la loi. Le dol, l'erreur, la violence viciant ce consentement, vicient le contrat; son caractère aléatoire ne permet point de l'attaquer pour cause de lésion.

2° *Synallagmatique*, puisque les contractants s'engagent réciproquement (article 1102 du Code civil). On a bien soutenu que l'assuré ne s'obligeait pas, étant toujours libre de cesser, *ad nutum*, le paiement des primes. Nous avons réfuté cette théorie.

2° *A titre onéreux*, car chacune des parties est assujettie à donner quelque chose (article 1106. du Code civil). Nous verrons cependant qu'il peut, par l'intervention d'un tiers, devenir à titre gratuit, mais point dans les rapports de l'assureur et de l'assuré?

4° *Purement civil*. Bien que la loi ait rangé parmi les transactions commerciales le contrat d'assurances maritimes (Code de commerce, art. 633, § 5), on a dû reconnaître aux assurances terrestres et à l'opération considérée comme assurance sur la vie, le caractère purement civil. Dans notre opinion cette solution n'est point douteuse. Sans doute l'assureur est habituellement une Compagnie commerciale, mais le preneur d'assurances ne fait point acte de commerce (1). Par suite les tribunaux civils seront compétents et la preuve testimoniale ne pourra être admise au-delà de 150 francs (art. 1341, du Code civil).

5° *Aléatoire*. — A ce titre, rentre-t-il dans la définition donnée du contrat aléatoire par l'article 1104, ou dans celle de l'article 1964 du Code civil ?

(1) Un arrêt de la Cour de Douai (4 décembre 1829) a refusé avec raison le caractère de société commerciale à une Compagnie d'assurance *mutuelle*; le but d'une association mutuelle n'est point en effet de réaliser un bénéfice, mais de compenser les pertes que peuvent éventuellement éprouver ceux qui la composent.

Dans l'art. 1104, en effet, distinguant les contrats à titre onéreux en commutatifs et aléatoires, le législateur dit : « le contrat est *commutatif* lorsque chacune des parties s'engage à donner ou à faire une chose qui est regardée comme l'équivalent de ce qu'on lui donne ou de ce qu'on fait pour elle » ; il est *aléatoire* lorsque l'équivalent consiste dans la chance de gain ou de perte pour *chacune des parties*, d'après un événement incertain. L'art. 1964 déclare le contrat *aléatoire*, lorsque : « ses effets quant aux avantages et aux pertes, soit pour *toutes les parties*, soit *pour l'une ou plusieurs d'entre elles*, dépendent d'un événement incertain. » Cette dernière définition semble indiquer qu'il peut se rencontrer des contrats aléatoires dans lesquels un seul des contractants s'expose à des chances, l'autre à aucune. Dans la discussion absolument théorique à laquelle a donné naissance cettte double définition, les partisans de la rédaction introduite dans l'art. 1964 prennent comme exemple d'un contrat *unilatéralement* aléatoire *l'assurance ordinaire*. Un contrat, disent-ils, peut être aléatoire, lorsque une des parties reçoit une chance de gain en échange d'un équivalent certain, c'est ce qui arrive dans l'assurance en cas d'incendie, par exemple : L'assureur seul court la chance de gagner ou de perdre; il gagnera les primes s'il n'arrive aucun sinistre; au cas contraire il sera en perte, car il devra à l'assuré une indemnité de beaucoup supérieure aux primes reçues. Pour l'assuré au contraire tout est certain dès l'instant du contrat, il est sûr de perdre, aucune chance de gain n'existe de son côté. Si le sinistre survient il reçoit une indemnité ; il évite alors de perdre, mais ne gagne rien ; s'il n'arrive aucun accident il perd les primes payées à l'assureur.

Si on accepte comme exact ce raisonnement qui est

celui de la plupart des auteurs, il faut reconnaître qu'il en sera tout autrement du contrat d'assurance en cas de décès tel que nous l'entendons. L'équivalent à la prestation duquel s'engage l'assureur est certain, le capital payable au décès, celui de l'assuré également, le paiement des primes. Quant aux chances de gain ou de perte pour l'un ou pour l'autre, elle consiste à savoir si, à l'arrivée du terme, l'assureur aura reçu, l'assuré payé, un total de primes, en capital et intérêt, supérieur ou inférieur au capital assuré.

Si le contrat d'assurance ordinaire *est unilatéralement aléatoire*, le nôtre l'est *bilatéralement*, puisque le capital payé par l'assurance au décès n'est point une simple indemnité, mais peut constituer un gain pour l'assuré.

Du reste cette discussion nous paraît oiseuse, car s'il est possible que dans certains contrats la prestation de l'une des parties soit certaine et définitive, celle de l'autre future et éventuelle, l'effet même du contrat ne peut pas être aléatoire pour l'une, et non pour l'autre, sinon il faudrait admettre que dans un contrat à titre onéreux, l'une des parties aurait contracté étant sûre de perdre, puisque l'autre partie perdît-elle de son côté, *elle n'y gagnerait rien*. Aussi préférons-nous, mais sans y attacher d'importance, la définition de l'art. 1104, qui voit dans tous contrats aléatoires des chances de gain ou de perte pour chaque contractant.

Mais on aurait pu, s'il est des distinctions à établir dans les contrats aléatoires, en formuler une bien plus significative et qui distingue absolument l'assurance en cas de décès des autres assurances. Nous venons de dire que l'aléa d'une opération ne peut pas être oui ou non synallagmatique; mais nous pouvons reconnaître qu'il peut consister soit en une chance d'acquisition *totalement gratuite*, ou au contraire dans une chance d'acquisition *partiellement gratuite*. La première existe dans l'assurance ordinaire pour l'assureur qui peut ne rien avoir à payer. Elle n'existe pas dans l'assurance vie entière; pour l'assureur comme pour l'assuré il n'y a que chance d'acquisition *partiellement gratuite*.

Cette différence caractéristique provient de ce que dans l'assurance ordinaire l'*aléa* porte sur la réalisation même de l'obligation de l'assureur, sur le quantum seulement de celle de l'assuré; dans l'assurance en cas de décès les deux obligations sont certaines dans leur réalisation, incertaines seulement dans leur quantum définitif.

C'est ce dernier résultat qui se produit dans le contrat de rente viagère, mais en sens inverse. Cette similitude avec une opération permise par la loi ne suffit-elle pas pour légitimer à elle seule l'opération que nous défendons et telle que nous la comprenons ?

6° *Purement personnel.* — Les créanciers ne pourraient donc contracter une assurance sur la vie au nom et pour le compte de leur débiteur (art. 1166, Code civil). Il semble, en effet, que c'est un droit attaché à la personne que celui de s'exposer aux chances d'un contrat aléatoire qui peut aboutir à une perte. Sans doute ceux qui voient dans l'opération une assurance peuvent soutenir que c'est là une mesure conservatoire du gage commun des créanciers, et qu'on ne voit pas pourquoi dans le cas où leur débiteur négligerait cette mesure, ils ne pourraient point la prendre eux-mêmes. Cependant, même à ce point de vue, l'art. 1166 ne me paraît pas accorder aux créanciers un droit aussi étendu. Cet article ne leur permet qu'une chose, exercer les droits et actions de leur débiteur; or, ici il n'existe pour lui ni droit acquis ni actions déjà nées; aussi l'insaction de leur débiteur ne peut-elle leur faire perdre ni un droit acquis, dont l'abandon, ni une action, dont le non exercice leur occasionne une perte. Il ne s'agit que d'une liberté, d'une faculté non encore exercée. Si donc, sans mandat, les créanciers stipulaient au nom de leur débiteur il n'y aurait qu'une gestion d'affaire, susceptible seulement d'être ou non ratifiée. Il y a du reste une combinaison dite *assurance de solvabilité*, qui permet aux créanciers d'obtenir la même garantie en agissant en leur propre nom.

La question devient plus délicate si l'on suppose le contrat déjà commencé par le débiteur qui refuse de le continuer, en usant de son droit de cesser le paiement des primes. Il y a, dans cette hypothèse, un droit incontestablement acquis, la créance existe dans le patrimoine de l'assuré; aussi je crois que l'art. 1166 devient applicable. Le droit de dédit n'a rapport qu'aux relations de l'assuré avec l'assureur, et n'est point assez personnel à celui-ci pour qu'il puisse à son gré, en l'exerçant, compromettre son patrimoine. C'est pourquoi, contrairement à l'avis de beaucoup d'auteurs, mais conformément à un arrêt de la Cour de Paris du 5 mars 1873 (Dalloz, 74-2-104), j'accorderai au syndic de l'assuré failli le droit de continuer le versement des primes contre le gré de l'assuré lui-même.

SECTION PREMIÈRE

DE L'ASSUREUR. — SA CAPACITÉ. — SES DROITS. SES OBLIGATIONS.

L'assureur est généralement une société commerciale, *Compagnie d'assurance à primes*. La validité de sa constitution est soumise aux règles générales édictées par la loi du 27 juillet 1867 et par le décret du 22 janvier 1868, qui interdit aux Compagnies d'assurances la forme de société à capital variable. La loi de 1867, dans son titre V, art. 66 et 67, les assujettit, de plus, à l'autorisation et à la surveillance de l'Etat. C'est un restant de méfiance, peu justifiée du reste, qui a fait édicter cette mesure rigoureuse, dont la loi a cru pouvoir sans danger se départir à l'encontre des autres sociétés, même financières.

La société peut aussi affecter la forme de mutualité; les règles seront les mêmes, mais nous l'avons déjà dit, la société est alors civile et non commerciale.

Enfin l'assureur peut être une personne isolée, ayant ou n'ayant pas l'habitude de faire de semblables opérations; dans le premier cas, la capacité spéciale de faire le commerce lui sera nécessaire; dans le second cas, toute personne capable de contracter dans les termes généraux de l'art. 1123, Code civil, peut être assureur.

Le mineur émancipé ou non émancipé, l'interdit, le pourvu d'un conseil judiciaire ne peuvent être assureurs, car l'assureur aliène un capital. Le tuteur, le curateur non plus que le conseil, ne peuvent seuls les autoriser ou les assister valablement dans un acte de cette importance et qui ne saurait être assimilé à un acte de simple administration.

Quant à la femme mariée, sauf sous le régime de séparation de biens et sous le régime dotal avec stipulation de paraphernaux, elle ne peut, sans autorisation, faire un acte d'aliénation qui ne figure point parmi les actes ordinaires d'administration.

Les droits de l'assureur se réduisent à peu de choses, puisqu'il s'interdit habituellement de poursuivre l'exécution du contrat et d'exiger judiciairement le paiement régulier des primes. Les polices lui réservent en outre certains droits spéciaux qui sont exclusivement du domaine de la convention, tels que celui de retenir tout ou partie des primes en cas de résolution du contrat par l'assuré, d'exiger une augmentation de primes en cas d'aggravation des risques, etc.

Sa principale obligation est de payer le capital assuré au jour du décès. Mais à qui doit-il payer ? c'est une importante question que nous examinerons plus tard.

Un seul point intéressant nous reste : comment s'exécutera le contrat en cas de faillite ou de déconfiture de l'assureur ?

Nous avons dit que la créance de l'assuré sur l'assureur est à terme; or, l'art. 444, Code civil, décide, que le jugement déclaratif de faillite rend exigible à l'égard du failli les dettes passives non échues ; il reproduit la disposition de l'art. 1188, Code civil, applicable en cas de déconfiture. Appliquant ces dispositions à l'assurance en cas de décès, accorderons-nous au créancier à terme de l'assureur failli, à l'assuré, le droit d'exiger que le dividende qui lui sera attribué soit calculé sur la totalité du capital auquel il aura droit à prétendre au jour du décès ? L'art. 1187 qui prépare les articles 1186, Code civil, et 444, Code de commerce, dispose que le terme est toujours présumé stipulé en faveur du débiteur, à moins qu'il résulte de la stipulation ou des circonstances, qu'il ait été convenu en faveur du créancier ; c'est en vertu d'une telle présomption que l'on s'explique comment le législateur a frappé d'une telle déchéance le débiteur failli, comme peine de la situation dans laquelle il est toujours réputé s'être mis lui-même et qui a amené la liquidation forcée de ses affaires. Mais qui ne voit que dans l'hypothèse de notre contrat, le terme n'est point un simple délai moratoire stipulé en faveur du débiteur, mais bien une condition essentielle de l'obligation, la cause même de l'engagement pris par l'assureur; pour lui les délais fixés à l'exigibilité de la créance sont précisément les éléments constitutifs de la valeur de cette créance dont le temps est destiné à fournir le capital. C'est dans des circonstances à peu près analogues qu'est intervenu un arrêt fameux de la Cour de cassation du 10 août 1863 (Daloz 63-1-351). Il s'agissait d'une société commerciale ayant émis des obligations remboursables à un taux supérieur à celui d'émission, à un terme très éloigné. Il a été jugé en principe que les obligataires ne pouvaient être admis au passif qu'au taux d'émission et non de remboursement. La Cour a considéré que la différence entre les intérêts payés aux obligataires (4 o/o) et l'intérêt commercial de l'argent versé par eux à l'émission, cette différence d'intérêts capitalisés et productive elle-même de nouveaux intérêts devait composer le capital remboursable, au jour de l'échéance. Elle a décidé en conséquence que la faillite doit faire considérer comme non avenues toutes stipulations qui dans les conventions passées avec le failli étaient surbordonnées aux termes dont la faillite entraîne la déchéance.

Conformément à cette décision nous pensons que l'assuré ne pourra produire à la faillite que pour le montant des primes versées et leur intérêt capitalisé et cela par une action *de in rem verso*. Le contrat en effet se trouve résolu par un événement qui rend son accomplissement normal impossible.

En fait, notre question se résoudra toujours ainsi par la force des choses. Si l'on admettait pour l'assuré le droit d'exiger le paiement total du capital assuré, en monnaie de faillite bien entendu, il ne serait pas pour cela déchargé de son obligation personnelle, le paiement intégral des primes ; or la continuation du contrat deviendrait pour lui onéreuse, certain qu'il serait dès lors, soit que le dividende alloué lui soit remis contre caution ou déposé, de ne toucher qu'un capital inférieur à celui auquel le paiement des mêmes primes à un autre assureur lui donnerait droit. Il préférera toujours la résolution à la continuation du contrat. On pourrait enfin et à la rigueur raisonner par analogie de l'art. 346, Code de commerce.

SECTION DEUXIÈME

DE L'ASSURÉ. — SA CAPACITÉ. — SES OBLIGATIONS.

L'assuré acquiert contre l'assureur un droit de créance, il s'engage à acquitter aux époques fixées et de la manière déterminée par le contrat, le prix de cette créance. Le paiement peut se faire en bloc ou en détail. Dans le premier cas il y a présomption que l'assuré dispose d'un capital, dans le second, qu'il prélève sur ses revenus le montant de la prime annuelle; mais bien entendu cette double présomption n'a rien d'absolu.

La capacité requise chez l'assuré sera généralement plus large que pour l'assureur, celui-là en effet est généralement commerçant, celui-ci au contraire fera rarement un acte de commerce. Les incapacités exceptionnelles établies par dérogation à l'art. 1123, Code civil, concernent les mineurs, les interdits, les pourvus d'un conseil judiciaire et les femmes mariées.

Mineur non émancipé. — Le mineur qui n'est pas émancipé ne peut faire aucun acte sans l'autorisation de son tuteur; pour certains actes même, le tuteur seul ne peut l'autoriser valablement.

Déterminer la valeur de l'assurance sur la vie, contractée par le mineur non autorisé, serait trancher une question aujourd'hui encore très-vivement controversée. Admet-on l'opinion qui, s'appuyant sur la règle romaine, *Minor restituitur non tanquam minor sed tanquam læsus*, soutient que pour être restituable le mineur doit établir une lésion à son préjudice, il appartiendra aux tribunaux seuls d'apprécier si le contrat aléatoire tel qu'il a été consenti, non pas aura causé, en dernier résultat, un préjudice au mineur, mais si *ab initio* il renfermait des conditions onéreuses, soit au point de vue des primes stipulées, soit au point de vue des déchéances. Cet examen sera facile à l'aide des tables de tarifs établies par les compagnies d'assurances (1).

Pareil examen deviendra inutile si l'on accepte l'opinion qui veut que la seule qualité de mineur rende annulable l'obligation par lui contractée.

Mais le tuteur pourra-t-il sans aucunes formalités contracter une assurance en cas de décès pour le mineur? Je n'hésite point à lui accorder ce droit, puisque cet acte ne rentre pas dans la catégorie des actes exceptionnels pour lesquels la loi exige l'intervention du conseil de famille ou des tribunaux. Que le tuteur emploie à cet effet et à titre de placement, un capital disponible, ou que chaque année il prélève les primes sur les revenus du mineur, ce n'est là qu'un acte d'administration. Les

(1) On sait que la théorie romaine sur la *restitutio in integram* était encore plus absolue. C'est le résultat formel que l'on devait prendre comme base de la lésion.

limites apposées au pouvoir du tuteur ont été déterminées limitativement, on ne peut les étendre. Les primes stipulées facultativement payables seront généralement une garantie.

Mineur émancipé. — Sans l'assistance de son curateur, le mineur émancipé peut disposer de ses revenus et faire tous les actes de pure administration. Art. 481. Code civil, mais il faut conclure par *a fortiori* de l'art. 482 qu'il ne peut employer ses capitaux. Il y aura donc lieu de distinguer si les primes sont prélevées sur les revenus ou sur les capitaux. Dans le premier cas, le mineur contractera seul valablement; dans le second l'assistance du curateur serait requise. S'il avait agi seul, il faudrait, suivant la distinction établie pour le mineur non émancipé, examiner s'il a été lésé ou non par le contrat même. C'est dans ce sens, que l'art. 484, Code civil, autorise le mineur à contracter seul des obligations par voie d'achats ou de ventes, sauf pouvoir discrétionnaire accordé aux juges de les réduire en cas d'excès.

Interdit. — L'interdit est complètement incapable, tout acte fait par lui seul est nul de droit, art. 502 du Code civil. Quant au tuteur je lui refuse également le droit de contracter une assurance sur la vie au nom de l'interdit, en vertu de l'art. 510 du Code civil exigeant que les revenus de ce dernier soient essentiellement employés à adoucir son sort et à accélérer sa guérison, car l'effet du contrat ne devant se produire qu'après sa mort, la volonté du législateur ne serait pas obéie. Cependant, pour l'hypothèse ou par exemple, l'interdit aurait des enfants, j'estime que le conseil de famille pourrait autoriser le tuteur sans qu'il soit besoin d'homologation judiciaire de sa délibération. Il est bien évident, que si le contrat était considéré comme une réelle assurance, il serait impossible, la vie d'un tel malheureux ne pouvant constituer une source de revenus que sa mort tarirait.

Il est inutile de rappeler que l'interdit légalement conserve toute capacité à cet égard, sauf celle de disposer à titre gratuit du bénéfice de l'assurance.

La loi du 30 juin 1838, art. 39, permet à ceux qu'elle régit de contracter valablement, sauf aux tribunaux le droit d'annuler la convention pour démence. Les pouvoirs de l'administrateur légal sont tellement restreints par la loi qu'une convention de cette nature parait soustraite à ses attributions.

Pourvu d'un conseil judiciaire. — Il conserve toute capacité en ce qui concerne la disposition de ses revenus. L'assistance de son conseil lui sera donc nécessaire ou non, suivant que les primes seront payées sur ses capitaux ou sur ses revenus.

Femmes mariées. — Que le régime matrimonial adopté soit la communauté légale ou la communauté réduite aux acquêts ou le régime exclusif de communauté, la femme ne peut sans l'autorisation de son mari contracter une assurance sur la vie. Seul en effet le mari administre les revenus et en jouit à son gré, seul il dispose des capitaux communs ; sans son autorisation la femme ne peut disposer de ses capitaux restés propres.

Sous le régime de séparation de biens conventionnelle ou légale, la situation change. La femme a la libre administration de ses revenus, elle peut donc en disposer à son gré pour payer les primes d'une assurance sur la vie, de même, elle pourrait disposer d'un capital mobilier libre entre ses mains ; elle peut, en effet, sans autorisation, recevoir un capital, en donner décharge, en faire emploi (Art. 1449, Code civil). Mais elle ne pourrait aliéner à cet effet un de ses immeubles. (Art. 1536, Code civil).

Quant à la femme dotale incapacité absolue, sauf à l'égard de ses paraphernaux. Sa capacité sur ce point est la même que celle de la femme séparée de biens (Article 1576, Code civil).

Certains auteurs prononcent l'incapacité générale de la femme mariée en matière d'assurance sur la vie ; ils s'appuyent sur un argument d'analogie tiré de la prohibition qui lui est faite de passer des baux de plus de neuf ans. La loi qui même pour un simple acte d'administration limite par un maximum de durée, son pouvoir relatif aux revenus, lui interdit par cela même d'en disposer pour une durée qui peut être beaucoup plus longue, comme dans une assurance sur la vie. A cela,on pourrait répondre que le paiement facultatif des primes restreint de beaucoup la nature de son engagement. Mais il suffit d'observer qu'en matière d'incapacités on ne peut pas étendre la portée de la loi.

Les obligations qui incombent à l'assuré ne présentent pas de difficultés. Elles sont du domaine exclusif de la convention. C'est ainsi qu'il s'engage à prévenir l'assureur chaque fois que sa situation se modifie au point de vue des dangers de mort, l'assureur se réservant généralement dans ces cas prévus le droit d'exiger une augmentation de primes ou de résilier le contrat.

Le caractère du versement facultatif des primes exposerait l'assurance à de grands dangers, si des dispositions précises n'étaient arrêtées au point de vue du délai, passé lequel, l'assuré n'ayant pas payé, il serait irrévocablement déchu du droit d'invoquer l'exécution du contrat. Ce délai est habituellement de 30 jours à dater de l'échéance et une sommation par lettre, les tribunaux ne pourraient le prolonger par l'application de l'art. 1184, Code civil. Pareille stipulation entraîne en effet résiliation de plein droit.

Faute de stipulation contraire, la prime est quérable, art. 1247, Code civil, bien que le paiement étant stipulé facultatif, ce soit au débiteur à manifester son intention ; une mise en demeure serait donc nécessaire pour faire encourir la déchéance. Que si la prime a été stipulée portable, l'intention de l'assureur de ne point procéder à une mise en demeure est trop manifeste pour que les juges puissent refuser de reconnaître qu'il y a déchéance de plein droit. Souvent cependant, et malgré cette dernière stipulation, l'assureur contracte l'habitude de toucher les primes au domicile de l'assuré ; c'est là une convention tacite qui doit être considérée comme modifiant la convention écrite (Art. 1134, Code civil).

CHAPITRE IV

Droits de l'assuré

Les droits de l'assuré sont d'une importance telle, que nous devons leur consacrer un chapitre spécial. Jusqu'ici nous avons raisonné sur une hypothèse unique, la plus simple comme la plus fréquente : celle où le décès de l'un des contractants a été choisi comme le terme incertain de l'exigibilité de la créance assurée. Nous avons également supposé que l'assuré ayant stipulé pour lui-même, c'était lui ou pour mieux dire son patrimoine, qui au jour du décès devenait créancier du capital désormais exigible, mais le contrat type peut être, sans changer de nature, modifié par des combinaisons et des stipulations accessoires très variées. Ces modifications peuvent porter soit sur le choix du terme d'exigibilité, soit sur la personne même au profit de laquelle la créance aura été stipulée payable dès le début, soit enfin sur la personne au profit de laquelle elle le sera devenue pendant la durée du contrat.

Dans le premier cas, c'est l'*assurance* sur la vie d'un tiers.

Dans le second, c'est l'assurance stipulée payable à un *tiers bénéficiaire.*

Dans le troisième, c'est la *cession* du bénéfice de l'assurance.

L'examen de ces points mettra surtout en lumière l'importance de la nature juridique que nous avons reconnue au contrat d'assurance vie entière.

SECTION PREMIÈRE

DE L'ASSURANCE SUR LA VIE D'UN TIERS

Nous avons démontré que l'assurance vie entière, telle que nous l'entendions, dans sa plus large extension possible, *acquisition d'une créance certaine dans son quantum, mais aléatoire dans son prix*, était une convention absolument légale, sans qu'il y ait, à cet égard, nécessité de rechercher si sa cause déterminante répondait à tel but ou à tel autre ; qu'en conséquence, peu importait que son résultat opéré et obtenu fût une compensation exacte à une perte éprouvée, c'est-à-dire véritable indemnité et partant assurance ; que ce fût au contraire un bénéfice à réaliser pour l'une ou l'autre des parties ou même un simple équivalent possible recherché dans une intention quelconque; espèce de placement, c'est-à-dire contrat aléatoire *sui generis.* A nos yeux, l'opération se distinguant par des côtés caractéristiques de celles que la loi a cru devoir prohiber ou priver de sanction, rentre dans la classe des conventions aléatoires autorisées. Nous allons examiner une des plus importantes conséquences de notre thèse.

Jusqu'ici nous avons supposé la convention intervenant entre deux personnes seulement, la mort de l'une d'elles étant prise comme *alea* et terme incertain du contrat. Une présomption se présentait dès lors naturellement à l'esprit, c'est que l'assuré contractait parce qu'il avait un intérêt pécuniaire à la conservation de sa propre vie et qu'il considérait sa mort comme devant causer un préjudice à son patrimoine ; de là à conclure à l'intention d'assurance, à l'indemnité comme cause immédiate et unique, il n'y avait qu'un pas facile à faire ; les partisans de l'assurance l'ont fait, puis, leur principe admis, ils ont dû s'arrêter devant certains obstacles infranchissables à la logique.

Qu'au lieu de prendre la mort de l'un des contractants comme terme certain dans son arrivée mais incertain dans son époque, on choisisse tout autre terme de même nature, la mort par exemple d'un tiers déterminé mais étranger à la convention ; que l'on admette, en outre, que ni l'un ni l'autre des contractants n'ait intérêt à la prolongation d'existence de ce tiers, le point de vue va changer totalement. La cause de l'obligation de l'assuré ne pourra plus, par hypothèse, être le préjudice éventuel que lui causera l'événement déterminé, celle de l'obligation de l'assureur la réparation de ce préjudice. Le contrat pourtant ne sera point nul faute de cause ; il rentre bien en effet dans la catégorie des contrats *do ut des ;* l'assuré s'est engagé à payer les primes pour acquérir le capital, l'assureur à payer le capital pour acquérir les primes ; l'événement choisi l'a donc été purement comme terme des deux obligations réciproques et non plus en même temps comme leur cause juridique. L'assuré en un mot n'a point stipulé : Je te paie tant, pour que tu m'indemnises de telle perte si elle arrive ; mais : Je te paie tant pour que tu me paies tant à telle époque, quand elle arrivera.

Un tel contrat que l'on nomme dans la pratique, *assurance sur la tête d'un tiers*, qui n'a point pour objet la chance d'un gain totalement gratuit pour l'un des contractants, puisque chacun fait une prestation, non plus que la chance d'un gain disproportionné, puisqu'il peut aboutir à une simple équivalence pour l'une ou l'autre des parties, ne va donc en aucune façon à l'encontre de la loi ; il jouit pour nous d'une légalité parfaite.

Toute autre est fatalement la conclusion des auteurs, qui se refusent à accepter le contrat et à le valider, s'il n'a pas le caractère d'une véritable assurance. Ici en effet, ils ne peuvent plus prétendre que la vie de l'assuré soit l'objet de son contrat, puisque la durée de cette existence ne figure à aucun titre comme un de ses éléments, puisque de plus la vie qui en est prise comme le terme aléatoire est supposée lui être absolument indifférente dans sa prolongation ou sa brièveté. Le caractère essentiel du contrat, disent-ils, est d'être dans sa cause un contrat *de damno vitando ;* si donc la mort de ce tiers sur la tête duquel il repose n'est pas préjudiciable à l'assuré, le contrat est nul faute de cause. C'est rester logique ; c'est ce qu'ont fait les théoriciens, notamment M. de Montluc ; mais c'est ce que n'a point fait la jurisprudence qui accepte cependant encore leurs données, comme base de l'assurance vie entière.

Comprenant combien de semblables conséquences étaient préjudiciables au développement de l'institution, combien allant directement à l'encontre des idées et applications si progressistes en la matière, elles étaient du même coup préjudiciables au bien fondé apparent de leur système, nos adversaires ont tenté un dernier effort et en vrais jaloux essayé de ruiner le nôtre si favorable à ces mêmes idées et applications nouvelles. Après s'être vainement efforcés de le faire tomber sous l'art. 1965 du Code civil ou sous l'art. 1 de la loi du 21 mai 1836, en assimilant au pari, ou tout au moins à la loterie, un contrat aléatoire qui serait consenti par l'une et l'autre des parties en vue d'un bénéfice à faire, ils ont élevé une autre objection.

Conclue sur la vie d'un tiers, ont-ils dit en moralistes, pareille convention devient absolument égoïste; l'assuré n'intervient plus avec le même esprit d'abnégation et de dévouement qui lui fait chercher, non dans son intérêt personnel, mais dans celui des siens une compensation matérielle à sa perte ou même un bénéfice consolateur; c'est pour lui-même, dans l'espérance d'en retirer un bénéfice personnel, qu'il fait cette opération; les mêmes principes de moralité ne militent donc plus en sa faveur. Nous avouons ne point comprendre qu'une convention soit immorale par cela seul qu'elle vise un résultat dont le contractant espère bénéficier personnellement.

Mais en tous cas, ajoutent-ils en jurisconsultes, le contrat est illicite parce qu'il repose sur le *votum mortis*. A défaut de textes précis, il est facile de conclure de l'art. 1130 du Code civil que l'esprit du législateur est de prohiber toute convention ayant pour effet d'intéresser l'un des contractants à la mort d'une personne déterminée. C'est sur cet ordre d'idées que repose cet article 1130 qui défend de renoncer à une succession non ouverte et de faire aucune stipulation sur une pareille succession, même avec le consentement de celui de la succession duquel il s'agit.

La réponse est facile. Qui ne sait que des motifs particuliers ont présidé à la rédaction de l'article 1130 ? Le législateur s'est d'abord préoccupé de l'usage si en faveur dans l'ancien droit ou étaient les frères aînés de faire renoncer leurs sœurs ou leurs cadets à leurs droits successoraux, puis il a craint ensuite, et avec raison, que la renonciation d'un héritier présomptif ne fût point toujours l'œuvre d'une volonté libre et éclairée. Si du reste le *votum mortis*, qui peut résulter d'une convention, était une raison suffisante pour lui attirer les prohibitions de la loi, le législateur n'eut certainement pas admis la validité des institutions contractuelles, des pactes d'usufruit et le principe même des successions puisque la mort y est la seule cause de transmission de propriété. Ajoutons que si nous pouvions consentir à raisonner de *specialibus ad generalia*, l'art. 1791, prévoyant une hypothèse analogue à la nôtre et peut-être moins favorable, autorise la constitution de rente viagère sur la tête d'un tiers qui n'a aucun droit d'en jouir.

Enfin un dernier argument a été emprunté à la législation anglaise. Notre institution, ont dit nos adversaires, étant d'importation étrangère, il faut l'appliquer comme elle l'est dans son pays d'origine. Or en Angleterre, le statut fondamental de l'assurance sur la vie est le *Gambling act* de Georges III, qui, en 1774 revenant sur l'état antérieur de la jurisprudence, impose à la convention le caractère de contrat d'indemnité. Le chapitre XLVIII de ce statut prohibe formellement « tout contrat dans lequel la personne qui fera assurer n'aura pas un intérêt dans les chances de vie ou de mort de celui qu'elle fait assurer. S'il y a un intérêt, l'assurance ne sera faite qu'à due concurrence (1).

Inutile de réfuter une objection qui sort aussi évidemment du domaine de la discussion juridique. Nous y insistons, uniquement, afin de montrer qu'on ne tarda point chez nos voisins eux-mêmes à ressentir tout ce que de semblables dispositions contenaient de nuisible à l'institution. Ce danger fut mis bientôt en lumière par un procès fameux dans les annales de l'assurance, celui qui prit naissance après la mort de William Pitt en 1806. Le célèbre homme d'état était fort mauvais administrateur de sa fortune privée; il avait des créanciers et ne les payait pas. Un certain carrossier fit assurer sur sa tête le montant de sa note, mais à la mort de Pitt, le Parlement, dans son enthousiaste reconnaissance, décida que les dettes du grand ministre seraient soldées au frais de l'État. Le carrossier, un sieur *Godsall*, fut entièrement désintéressé; néanmoins il attaqua la Compagnie d'assurance (Le Pelican) en paiement de la somme par lui assurée sur la tête de William Pitt. La Cour repoussa sa demande considérant que : « cette assurance *comme toute autre à laquelle la loi donne un effet était de sa nature un contrat d'indemnité;* le dommage causé par la mort ayant été réparé autrement, l'action n'avait plus de base. » Cette décision produisit un effet tout contraire à celui attendu ; la défiance éloigna

(1) Observons en passant qu'avant d'invoquer en leur faveur une législation étrangère, nos adversaires devraient eux-mêmes s'y conformer sur un point non moins capital. Ils proclament, en effet, que l'intérêt pécuniaire de l'assuré ne peut recevoir d'autre estimation que celle de la convention et doit dans son évaluation échapper au contrôle des tribunaux. La loi anglaise pose un principe formellement opposé.

les assurés et les auteurs aussi bien que la jurisprudence se virent réduits à torturer le statut de Georges III pour arriver à décider que celui-ci, dans sa lettre, sinon dans son esprit, n'ayant pas exigé la continuation de l'intérêt nécessaire pendant la durée entière du contrat et jusqu'au jour de son exécution, la preuve d'un intérêt initial devait être réputée suffisante. Une abrogation formelle du texte nouveau serait sans doute intervenue si l'indulgence persistante de la nouvelle jurisprudence anglaise ne l'eut rendue inutile pour la pratique. Ce qui du reste a permis aux Anglais de s'accommoder sans réformes complètes d'une législation gênante, c'est qu'il est chez eux de principe que toute convention aléatoire peut engendrer une action, pourvu qu'elle n'ait rien de contraire à l'ordre public; or les prohibitions sont déterminées limitativement et toute convention se présentant sous la forme d'assurance sur la vie et nulle comme telle, serait pourtant validée comme contrat aléatoire non prohibé, pourvu que le but d'assurance ne résultât pas *nécessairement* de l'intention des contractants.

Quant à notre jurisprudence, à laquelle il était pourtant plus loisible qu'à la jurisprudence anglaise de consacrer en faveur de l'institution le principe de la plus large liberté, n'étant point comme elle entravée dans cette voie par des textes restrictifs, elle s'est montrée et se montre encore fort hésitante dans l'espèce.

Les décisions intervenues sont moins nombreuses qu'on pourrait le supposer en présence d'une question si importante et si discutée ; mais il ne faut pas oublier que les seuls intéressés à opposer les nullités de contrats d'assurances sont les assureurs qui voudraient refuser le paiement du capital assuré, aussi n'est-ce qu'en présence de gros intérêts qu'ils se décident à entrer dans une voie qui les conduit directement au discrédit. Parmi celles-ci, la plupart, refusant de voir dans l'opération autre chose qu'un contrat d'indemnité, se sont ralliées à l'opinion que nous avons repoussée, et ont sous peine de nullité et par assimilation aux assurances terrestres, exigé de l'assuré la preuve qu'il était propriétaire de l'objet assuré ou qu'il justifiât d'un intérêt à sa conservation.

On peut voir en ce sens : un jugement du tribunal de la Seine du 24 Juin 1850 (*Journal des assurances*, t. 1. p. 170), un arrêt de la Chambre des requêtes, du 6 Juillet 1852 ; un jugement du Tribunal de commerce de la Seine, du 4 mai 1860, *Journal des assurances*, t. XII. p. 20 ; un arrêt confirmatif de la Cour de Paris, du 16 avril 1860.

C'est par un arrêt célèbre de la Cour de Limoges, du 24 Décembre 1830 (Sirey. 37. 2. 182) qu'a été, pour la première fois, consacrée l'opinion que nous soutenons. La Cour de Paris a jugé dans le même sens infirmant le jugement ci-dessus rendu par le tribunal de la Seine, le 24 Juin 1850. La Cour suprême a confirmé cet arrêt. (Dalloz. 1854. 1. 369.)

Mais la portée de ces deux dernières décisions émanant de juridictions différentes est loin d'être la même par les motifs invoqués. La Cour de Paris, en effet, n'hésite pas à déclarer que le contrat dont la validité était discutée n'est point illicite, bien qu'il ne soit justifié d'aucun intérêt pour l'assuré, à l'existence du tiers sur la tête duquel repose l'assurance, parce que : « bien que les parties aient qualifié leur convention d'assurance, dans l'espèce cette dénomination est inexacte, car ce qui est de l'essence du contrat d'assurance en général, ne s'y rencontre pas, c'est-à-dire que la somme assurée n'est la représentation ni d'un risque ni de l'indemnité de ce risque. » Pour la Cour, bien que n'étant pas une assurance et par cela même, un contrat de cette nature est valable. C'est toute notre théorie en la matière.

Pour la Cour suprême, tout en sanctionnant le dispositif de cet arrêt, elle revient aux anciens errements ; à ses yeux le contrat reste et doit rester contrat d'assurance, mais elle estime que, si pour sa validité un intérêt est indispensable, il suffit de l'évaluation que les parties ont faite dans la police et du consentement donné par le tiers sur la tête duquel repose le contrat, pour établir cet intérêt. La contradiction évidente qui résulte de tels motifs enlève à cette décision tout caractère doctrinal ; si l'intérêt est nécessaire, comment admettre qu'un simple consentement puisse le créer là où en fait il est démontré qu'il n'existe pas.

La même adhésion à notre opinion se rencontre dans un jugement du Tribunal de commerce de la Seine, du 26 novembre 1866, déclarant que : « l'assurance faite sur la vie d'un tiers désintéressé au contrat ne saurait être considérée comme une opération de jeu ou de pari sur la vie humaine ; qu'en effet le contrat est basé sur l'existence d'une dette certaine et que l'*alea* existe seulement sur l'époque d'exigibilité de cette dette. »

Notre doctrine paraît encore acceptée, mais tacitement, par un jugement du Tribunal civil de la Seine, du 25 novembre 1858. Il s'agissait d'une assurance sur la vie d'un tiers et il était parfaitement reconnu qu'aucun intérêt n'avait jamais existé. Loin d'accepter ce motif principalement allégué pour la nullité du contrat, les juges sont allés en chercher des raisons beaucoup moins claires dans les conditions de la police.

Citons enfin quoique peu concluant, mais comme célèbre, un jugement rendu le 14 juin 1866, par la première Chambre du Tribunal de la Seine, à la suite d'un procès qui fit grand bruit en France. On se rappelle l'empoisonnement de Mme de Pauw par son médecin et ancien amant le docteur Couty de la Pommeraie qui fut condamné à la peine capitale et exécuté. Se rendant au conseil de son futur assassin, la victime désignée avait contracté plusieurs assurances sur sa propre vie, puis les lui avait cédées peu de temps avant l'accomplissement du crime. Mme de Pauw à peine morte, ses héritiers engagèrent un procès tendant à faire prononcer la nullité des cessions consenties à la Pommeraie, les Compagnies intervinrent au procès pour demander la nullité du contrat lui-même, se fondant accessoirement sur le défaut d'intérêt chez la Pommeraie à la continuation de la vie de Mme de Pauw, mais alléguant principalement l'immoralité du contrat lui-même comme renfermant le *votum mortis*. Dans sa consultation en leur faveur, Me Dufaure s'exprimait ainsi : « Le contrat contient la volonté, la nécessité de faire mourir. » Malgré une aussi solennelle occasion de se prononcer sur cette question fondamentale, le contrat d'assurance sur la vie en lui-même est-il, oui ou non, valable ? le Tribunal annula le contrat mais seulement pour fraude de la part de Mme de Pauw sans que rien dans ses considérants puisse faire supposer qu'il envisageait comme admissible l'annulation du contrat, soit pris en lui-même, soit par suite du défaut d'intérêt du bénéficiaire à la conservation de la vie assurée.

Malgré une tendance marquée à valider le contrat, bien qu'il ne présente point tous les caractères d'une assurance, il faut cependant reconnaître qu'aucune décision, sauf peut-être l'arrêt de la Cour de Limoges, n'a jusqu'à présent osé proclamer franchement le principe que nous défendons. La Cour de cassation notamment persiste à y voir une assurance, dût-elle se montrer illogique en le sanctionnant.

Toujours au même point de vue, notre doctrine supprime un inconvénient auquel vient nécessairement se heurter la théorie inflexible de l'assurance. Un intérêt réel, la conservation de la vie assurée, existait au début, mais a cessé pendant la durée du contrat ; c'est le cas du carrossier de Villiam Pitt. Sans doute pour nos adversaires, la convention aura été valable au début et ne sera point viciée par la cessation de l'intérêt, mais l'assuré ne pourrait rien réclamer puisqu'il n'a point éprouvé le préjudice qui le menaçait ; la seule différence sera, que dans le cas où faute d'intérêt initial le contrat doit être déclaré nul, il y a lieu à restitution des primes payées ; dans le second cas cette restitution ne pourra être réclamée à l'assureur qui aura bien, conformément au prétendu but de l'opération, garanti l'assuré d'un risque initial, il conservera les primes comme prix de cette garantie ou tout au moins celles versées jusqu'au jour où elle aura cessé d'être nécessaire. Ils ne pourront même pas apporter au principe rigoureux par eux créé, le tempérament que par un subterfuge d'interprétation les tribunaux anglais ont apporté au texte si précis du *Gambling act*.

Nous avons déjà fait pressentir combien la question devient encore plus délicate lorsqu'il s'agit de préciser de quelle nature devra être cet intérêt exigé à peine de nullité du contrat. Un simple intérêt moral, un intérêt d'affection suffira-t-il ? Et, dans ce cas, quelle estimation pourra-t-on en faire pour rester dans les limites vraisemblables d'une assurance ? Il faut avouer que non seulement l'opération va se trouver restreinte dans son évolution, mais qu'il ne sera pas une seule convention de cette nature qui ne puisse donner lieu à un procès sérieux de la part d'assureurs en perte.

Une dernière entrave a encore été apportée et consacrée par la jurisprudence la plus libérale. Tout en dispensant de faire la preuve d'un intérêt même initial à la conservation de la vie du tiers sur la tête duquel repose la convention, elle est unanime néanmoins à exiger que ce tiers ait consenti préalablement à ce que semblable stipulation fut faite sur sa propre existence. Des considérations tirées du *votum mortis* ne sauraient, nous l'avons déjà vu, constituer une de ces conditions d'ordre public qui se supposent même dans le silence de la loi; il est même à remarquer que le consentement apporté par ce tiers, ce danger exista-t-il, ne le ferait nullement disparaître. Un texte de loi seul peut donc servir d'appui à semblables exigences. Ce texte existe-t-il?

Aucune disposition à cet égard ne se rencontre dans le droit commun, sous l'empire duquel doit se placer toute convention intervenant entre un assuré et un assureur quelconque. C'est ainsi, par exemple, qu'un débiteur aussi insolvable que récalcitrant, ne pourrait, par un refus de consentement, s'opposer à ce que son créancier, par une convention aléatoire de notre espèce, ne cherchât à se garantir du danger de n'être point payé.

Mais il en est autrement lorsque l'assureur est une Compagnie. Même sous la législation plus libérale de la loi du 27 juillet 1867, les Sociétés d'assurances sur la vie, mutuelles ou à primes, restent soumises à l'autorisation gouvernementale (art. 66). La constitution de la Société aussi bien que ses statuts doivent donc être approuvés par un décret rendu en la forme des règlements d'administration publique et inséré au bullettn des lois. Or, à tort ou a raison, en vertu de ce pouvoir discrétionnaire, le gouvernement n'autorise les Compagnies à contracter des assurances sur la vie d'un tiers qu'avec le consentement de celui-ci. Mais obéit-t-il en cela à une inspiration personnelle et à des motifs dont étant seul juge, il peut se départir à son gré, ou bien se trouve-t-il lié par un texte législatif ? On sait qu'en 1818, à cette époque où s'agitait encore la grosse question du principe même de la validité des assurances sur la vie, diverses Compagnies ayant sollicité du gouvernement l'autorisation de joindre à leurs opérations celles d'assurance-vie, celui-ci déféra la question au Conseil d'Etat qui, par son avis du 11 juillet, crut devoir, non seulement proclamer hautement la moralité aussi bien que la légalité de l'opération, mais sur le point spécial qui nous occupe fournir cette réponse : « cet engagement peut être autorisé, mais il ne doit pas être permis d'assurer sur la vie d'un tiers *sans son consentement.* »

Cet avis ne fut pas suivi d'une ordonnance ; nous ne pouvons en conséquence lui reconnaître aucune autorité législative et partant le droit d'édicter une prohibition ayant force de loi.

Si donc, dans les autorisations qu'il peut à chaque instant être appelé à accorder, le Conseil d'Etat croit devoir imposer cette restriction, libre à lui, mais il demeure certain qu'il pourrait s'en dispenser sans qu'il soit besoin de recourir à l'intervention législative ; celle-ci ne devrait être sollicitée qu'au cas où il s'agirait d'abroger une disposition légale antérieure. Il faut donc reconnaître que la condition imposée dans l'acte d'autorisation n'aura de force juridique que celle qui est inhérente aux décisions du Conseil d'Etat lui-même. La conséquence est que dans l'hypothèse où, au mépris de cette prohibition, une Compagnie aurait consenti une assurance sur la tête d'un tiers sans son consentement, le contrat ne serait point pour cela seul entaché de nullité ni contre la Compagnie ni en sa faveur. Sans doute l'autorisation accordée à la Compagnie pourrait être retirée pour violation des statuts approuvés, mais sans préjudice des droits acquis aux tiers (lettre ministérielle du 18 janvier). A l'égard de l'assuré le contrat resterait donc valable et devrait être exécuté dans son entier. Il n'y a eu en effet entre l'assureur et l'assuré qu'une convention privée qui n'a rien de contraire aux lois. Il est certain en effet que l'autorisation du gouvernement et l'insertion des statuts au Bulletin des lois n'enlève pas à ces statuts le caractère de convention privée et n'a point pour effet de les convertir en lois (Reg. 7 avril 1862. Dalloz. 63. 1. 167).

Il est bon du reste d'ajouter qu'en pratique cette difficulté se présentera rarement, les Compagnies étant dans l'usage de faire subir au tiers un examen préalable par un médecin spécial, le consentement du tiers à la convention s'induira de son consentement à cette inspection. Il peut en effet être exprès ou tacite. Il faut donc supposer une fraude pour que notre hypothèse entre dans le domaine des faits.

En terminant nous devons observer que, conclu sur la tête d'un tiers, notre contrat aléatoire pourrait revêtir le caractère d'une assurance. Ce sera lorsqu'un créancier le contractera sur la vie de son débiteur pour garantie de sa créance, car alors il s'assurera non plus contre la mort certaine de ce débiteur, qui n'est pas un risque, mais contre la chance d'être ou de ne pas être payé avant cette mort, ce qui en est un. C'est l'assurance de *solvabilité*. Comme semblable convention peut cependant être autre chose qu'une véritable assurance, ainsi que nous le prétendons, il y aura lieu d'examiner si oui ou non, c'est seulement une assurance que le créancier aura voulu contracter. Les éléments d'appréciation en dehors des termes même du contrat seront notamment la proposition existant entre les primes et les chances d'insolvabilité du tiers, ainsi que celle existant entre sa créance et le capital assuré. La convention pouvant selon l'interprétation produire des effets tout différents et bien plus restreints si c'est une véritable assurance, il y aura lieu de se montrer rigoureux à cet égard. C'est ainsi que dans ce premier cas, si la dette a été soldée en tout ou en partie avant le décès du débiteur, l'assuré ne pourra rien exiger ou partie seulement ; le contrat cessera faute de cause, du jour où il aura été désintéressé ; s'il est assuré à plusieurs, l'assureur pourra refuser de se désintéresser en entier et ne lui devra qu'au *prorata* de son propre contrat. Dans le second cas au contraire, il n'y aura aucune distinction à faire, l'assureur au décès devra toute la créance acquise à l'assuré à l'aide de l'opération aléatoire. En pratique, ce dernier caractère devra toujours être reconnu au contrat, car toujours les primes auront été calculées sur les chances de décès du tiers, ce qui répugne à l'idée d'assurance, et non sur les chances de sa solvabilité ou de son insolvabilité.

En résumé, pour nous, la vie d'un tiers peut être prise comme terme incertain d'un contrat aléatoire ; aucun intérêt à la prolongation de son existence n'est requis chez les contractants, enfin le consentement du tiers n'est point nécessaire à peine de nullité. Telles sont les principales conséquences de notre opinion ; nous fermons ainsi la porte à une quantité de difficultés auxquelles au contraire s'ouvre toute large l'opinion adverse au grand préjudice de l'institution elle-même.

SECTION DEUXIÈME

DES BÉNÉFICIAIRES DU CONTRAT D'ASSURANCE VIE ENTIÈRE

Avant tout examen il est indispensable de bien distinguer deux grandes catégories de bénéficiaires :

1° *Ceux qui ont acquis leur droit au capital assuré par une désignation faite dans le contrat lui-même, ce sont les bénéficiaires proprement dits.*

2° *Ceux au contraire qui n'ont acquis ce droit que postérieurement à ce contrat et par le fait d'un précédent titulaire; ce sont, d'une façon générale, les cessionnaires.*

Nous nous occuperons de ces derniers dans une section suivante :

Les bénéficiaires proprement dits doivent encore être séparés en deux classes : ceux qui sont *individuellement* désignés au contrat; ceux qui n'y ont reçu qu'une désignation *générale*. La distinction est essentielle.

Il peut se faire que le preneur d'assurance ait stipulé le capital payable à lui-même, ce qui arrivera généralement dans l'assurance contractée sur la tête d'un tiers. Dans ce cas point de difficultés.

Mais dans une assurance contractée sur la propre tête de l'assuré il résulte de la nature même de l'opération qu'il ne pourra exiger lui-même le paiement d'une créance dont sa mort seule causera l'exigibilité et alors il pourra : ou avoir indiqué nominativement une personne *certaine* qui en poursuivra le paiement à son propre profit; ou bien des personnes *indéterminées*, dans leur nombre ou leur identité.

Examinons la première hypothèse.

La police porte qu'au jour du décès de l'assuré ou dans tel délai après ce terme la créance née contre l'assureur sera payée à *Pierre* ou à *Paul*, ou bien à *sa veuve* ou encore à son *premier enfant déjà né*, en un mot à tel individu qu'en droit on qualifie de personne *certaine*. Semblable stipulation sera-t-elle valable ?

Tous les auteurs sont d'accord pour reconnaître dans cette convention une *stipulation pour autrui*, mais ils se divisent de suite selon qu'ils la déclarent nulle comme tombant sous le coup de l'art. 1119 du Code civil ou qu'ils admettent sa validité en lui faisant application de l'art. 1121. C'est assez indiquer que notre question est infiniment délicate puisqu'elle implique la résolution préalable de cette autre toujours et depuis si longtemps discutée, à savoir ce qu'il faut au juste entendre dans notre droit par la stipulation pour autrui. Prétendre résoudre cette controverse serait prétendre remplir le tonneau des Danaïdes; quelques mots cependant sont indispensables.

L'art. 1119 est ainsi conçu. « On ne peut en général s'engager ni stipuler en son propre nom que pour soi-même » ; ce qui revient à dire que la stipulation que l'on fait en *son propre nom au nom d'autrui* est nulle. Nous refusons à croire que le législateur ait consenti à poser en ces termes une énigme à la solution de laquelle on s'est acharné depuis si longtemps, discutant sur le sens même des données. Pour nous, nous n'y voyons autre chose que la formule synthétique de deux principes connus et indiscutables dans notre droit. Le premier est *qu'une convention ne peut être valablement formée s'il n'en naît une action au profit du créancier contre le débiteur*, et le second, *que sans le consentement réciproque du créancier et du débiteur il n'y a point de convention possible.*

Or, dans notre hypothèse quel serait le créancier ?

Si c'est celui qui a stipulé en son propre nom, il est évident qu'il ne peut en droit avoir une action contre le promettant pour obtenir l'exécution d'un engagement auquel il n'a point d'intérêt pécuniaire ; un simple intérêt d'affection ne suffirait pas, car ainsi que le disait déjà fort exactement Ulpien : « *Ea in obligatione consistunt quœ pecuniâ lui prœstarique possunt.* » (L. 9. § 2. ff. *de statu liber*).

Si c'est au contraire le tiers qui devrait être considéré comme devenant créancier du promettant, il est non moins évident qu'il n'a pu acquérir un droit parfait par une convention qui n'a pas été faite en son nom et dans laquelle il n'était pas partie ; par une promesse qu'il n'a pas acceptée et que, bien plus, il ne pourrait accepter puisque ce n'est ni à lui ni à une personne agissant en son nom qu'elle a été faite. A ce dernier point de vue, notre droit est encore conforme à la vieille maxime romaine : « *per extraneam personnam nihil adquiri potest.* » (Inst. II. 9. § 5.)

En résumé nulle action contre le promettant ni au profit du stipulant lui-même, ni au profit du tiers ; or, une action étant la sanction essentielle de toute obligation, il ne peut y avoir là une obligation valable.

L'art. 1119 qui le déclare n'a donc édicté aucun principe nouveau. Il était inutile.

Quant aux exceptions que le législateur a cru établir dans l'art. 1221 du code civil, elles n'en sont même pas ; sinon il faudrait supposer qu'il peut se rencontrer des cas où, stipulant en son propre nom au nom d'autrui, on ferait naître au profit d'autrui une action directe contre le promettant. L'art. 1121 est ainsi conçu : « on peut néanmoins stipuler au profit d'un tiers lorsque telle est la condition d'une stipulation que l'on fait pour soi-même ou d'une donation que l'on fait à autrui. Celui qui a fait cette stipulation ne peut plus la révoquer si le tiers a déclaré vouloir en profiter ». Pour voir des exceptions à la règle dans les deux cas prévus au présent article, il faudrait admettre que le promettant va devenir à la fois *directement* débiteur du stipulant avec lequel il fait une convention à titre onéreux ou à titre gratuit et aussi *directement* débiteur du tiers envers lequel il serait dès lors envové de telle sorte que le tiers recevrait son droit immédiatement du promettant et sans qu'il y ait à tenir compte de la personne juridique du stipulant. S'il en était ainsi ce serait là une réelle exception au principe de l'art. 1119, car nous aurions une convention légalement formée sans qu'il y ait concours de volonté entre le créancier et le débiteur. Mais le même article 1121, *in fine*, montre clairement que dans son esprit il n'en est point ainsi. Il réserve en effet à celui qui a fait une stipulation au profit d'un tiers, le droit de la révoquer jusqu'au jour où celui-ci l'aura acceptée. C'est dire bien nettement qu'à l'égard du tiers il n'y a encore qu'une offre et que la convention ne deviendra parfaite que par son acceptation, mais c'est reconnaître en même temps que jusque-là le stipulant a acquis et détient dans son patrimoine le droit dont il offre gratuitement de transférer la propriété à autrui ; on ne peut en effet offrir ce que l'on n'a pas. Ce qui démontre bien qu'il continue à être seul propriétaire de ce droit, c'est qu'il peut retirer cette offre et ainsi empêcher qu'il ne naisse au profit du tiers. Il est donc de toute nécessité que la promesse de donner émane du stipulant et non du promettant, sinon ce serait reconnaître à ce stipulant le droit de révoquer une promesse faite à un autre par un autre.

Tout se résume dans cette double opération :

1° Convention principale et conforme aux règles ordinaires du droit entre le promettant et le stipulant ; soit en effet qu'il ait vendu ou qu'il ait donné, ce dernier aurait vendu moins cher ou donné plus qu'il ne le voulait au contrat et d'un accord commun, si le promettant n'exécutait l'engagement qui lui a été imposé à l'égard du tiers comme condition de la vente ou de la donation, ce qui suffirait pour baser une action en résolution ou en dommages-intérêts au profit du stipulant ;

2° Promesse de donner par le stipulant au tiers, portant sur un droit acquis au stipulant, et qu'il détient dans son patrimoine jusqu'à ce que la convention devienne parfaite et que la propriété soit transférée par l'acceptation du tiers. En un mot, véritable donation dispensée de formes.

Cette donnée admise, quel sera, en tant que stipulation au profit d'autrui, le sort de l'assurance contractée au profit d'un tiers ?

Cette convention tombe sous le coup de l'art. 1119, ont dit les partisans d'un premier système. C'est une stipulation pour autrui, nulle comme telle, car elle ne peut se réclamer des exceptions posées par l'art. 1121. Dérogeant à une règle générale, ces exceptions doivent être strictement respectées et ne peuvent être étendues, car nous ne rencontrons ici ni cette stipulation principale et à titre onéreux, au profit du preneur d'assurance, ni une donation par lui faite à l'assureur, sur lesquelles puisse se greffer, comme condition, la stipulation accessoire au profit d'un tiers. Il n'y a pas contrat à titre onéreux entre l'assuré et l'assureur, il n'y a pas donation ; sinon à moins que la police ne fût rédigée dans les formes prescrites, cette donation serait nulle en elle-même. A quoi bon écrire dans la loi une dérogation pour un cas spécial, si l'on n'avait pas entendu donner par ailleurs au principe une autorité générale et absolue ?

Il faudrait d'abord admettre comme démontré que l'art. 1121 déroge et déroge par exception au principe de l'art. 1119. Nous avons établi le contraire. S'il y avait ici une convention analogue à celles que peut prévoir et prohiber l'art. 1119, nous verrions une seule action tenter de naître au profit de celui qui est sans intérêt à l'exécution de l'obligation et un seul intérêt là où l'action ne peut prendre naissance. Or, dans la double hypothèse de l'art. 1121, nous voyons naître au profit du stipulant une action et un intérêt, une autre action et un autre intérêt au profit du tiers, actions dont l'origine pour chacune est dans un contrat différent, double contrat, absolument conforme aux règles du droit commun. C'est ce qui nous autorise, avec les partisans d'une seconde opinion, à dire que l'art. 1121, n'établissant pas une véritable dérogation à l'art. 1119, il n'est point nécessaire de se trouver dans ses termes absolus pour échapper à une prohibition faite pour des hypothèses différentes; il suffit de ne point se trouver dans les termes de l'art. 1119 lui-même.

C'est notre cas. L'assuré, en effet, paie les primes pour que l'assureur paie le capital au tiers; il a intérêt à ce que ce paiement soit exécuté, sinon il se serait appauvri sans atteindre son but; intérêt pécuniaire, donc action; bien plus, maître comme nous l'avons montré, de révoquer son offre faite au tiers, s'il use de ce droit c'est lui qui reste créancier de l'assureur, puisque c'est envers lui seul, nous l'avons établi, que l'assureur s'est engagé. Sans doute il y a eu un mode de paiement stipulé entre les mains d'une tierce personne, mais ce n'était point une des conditions essentielles du contrat ; ce mode ne l'a été que sous la condition que l'assuré transférerait ce droit au tiers, le droit n'étant pas transmis, le mode de paiement devient impossible, et l'assureur, en faveur duquel il n'a point été transmis, ne pourra se plaindre s'il paie à son premier créancier. Son obligation est alternative.

Les auteurs qui restreignent la nature et les effets du contrat à ceux du contrat d'assurance ont dit encore que le bénéfice de l'assurance ne peut appartenir qu'aux victimes du sinistre et que ceux-là seuls peuvent se prévaloir de la convention pour qui la mort prématurée de l'assuré serait une perte réelle. Sans même invoquer l'opinion que nous soutenons, et qui comprend l'opération comme l'acquisition pour un prix aléatoire d'une créance certaine, il nous suffit d'observer que dans notre espèce, fut-ce même un droit acquis à une indemnité qui sera certainement payée, rien ne s'oppose à la cession de ce droit faite à un tiers.

Enfin faut-il, ainsi qu'on l'a prétendu, voir dans cette cession un pacte sur succession future prohibé par l'art. 1120, Code civil? Non encore, car le droit cédé au tiers n'est pas subordonné dans son existence mais dans son exigibilité seulement au décès du cédant; il naît et existe à l'instant même où naît le contrat d'assurance lui-même.

Peu importe du reste à la solidité de notre théorie que l'art. 1119 doive ou puisse être entendu dans un sens autre que celui que nous avons indiqué; peu importe également que l'art. 1121 établisse véritablement des exceptions à un principe restrictif, car notre hypothèse rentre facilement dans le cadre de ces exceptions. Nous trouvons en effet un contrat principal et à titre onéreux entre l'assureur et l'assuré; celui-ci s'engageant à payer les primes, celui-là le capital: il n'importe que, *modo solutionis*, le paiement doive s'effectuer entre les mains d'un tiers. Une obligation réciproque n'en n'a pas moins pris naissance entre l'assureur et l'assuré; et celui-ci a un moyen de coercition légale pour forcer l'assureur à exécuter son engagement, car l'intérêt qu'il peut avoir à ce qu'il paie entre les mains d'un tiers fut-il purement moral, par le seul fait qu'il a payé les primes afin d'obtenir cette prestation, lui vaut une action en résiliation ou en dommages-intérêts en cas de non exécution par le promettant. Le contrat principal et à titre onéreux se tient; le contrat ou pour mieux dire la promesse accessoire de libéralité au tiers est indiscutable. C'est donc bien une des hypothèses de l'art. 1121.

Que l'on voit dans l'assurance sur la vie au profit d'un tiers une stipulation pour autrui dans les termes de l'art. 1119, le contrat est valable comme rentrant dans le cadre de l'art. 1121. Il est encore valable si, comme nous, on consent à y reconnaître une stipulation faite par l'assuré à son profit personnel mais avec un mode de paiement alternatif et à son gré, suivant qu'il révoquera ou ne révoquera pas l'offre faite à un tiers déterminé et lui transmettra son droit de créance contre l'assureur.

Examinons maintenant le contrat accessoire intervenant entre l'assuré et le tiers bénéficiaire. Une double objection s'est élevée à l'encontre de ce contrat.

On a dit en premier lieu, pareille convention faite évidemment à titre gratuit doit être soumise à toutes les règles des donations ; elle ne sera donc valable en la forme qu'à la condition d'être passée par acte authentique, or, les polices d'assurances revêtent presque toujours la forme d'actes sous seing privé. C'est oublier que c'est précisément sur cet art. 1121 ainsi que sur l'art. 1973 si frappant par son analogie avec notre espèce, que l'interprétation unanime se base pour reconnaître comme dispensée des formes solennelles des donations, toutes les libéralités stipulées au projet d'un tiers comme condition d'un contrat à titre onéreux que l'on fait pour soi-même. Il est donc inutile d'insister.

Mais où l'on devient plus pressant c'est lorsque, examinant l'opération au fond, l'on prétend qu'elle viole la règle de l'irrévocabilité des donations. L'assuré, en effet, se réserve habituellement le droit d'arrêter à l'égard de l'assureur tous les effets du contrat en cessant de payer les primes à son seul gré ; il en résulte que la donation qu'il fait au tiers de la totalité de sa créance contre l'assureur, se trouve révocable à sa volonté, allant ainsi à l'encontre de la règle *donner et retenir ne vaut* et encore de l'art. 744, Code civil, qui déclare nulle toute donation entre vifs faite sous une condition potestative de la part du donateur. Ici la réponse est aussi facile que capitale. Sans doute dans les rapports de l'assureur et de l'assuré le paiement des primes peut être stipulé facultatif ainsi que nous l'avons vu : mais il n'en n'est plus de même dans ceux du tiers bénéficiaire et de l'assuré ; par l'acceptation que fait le premier de l'offre du dernier, un nouveau contrat se forme, contrat de donation d'une créance certaine dans son quantum, incertaine dans son époque d'exigibilité mais que n'affecte plus la faculté stipulée en faveur de l'assuré dans le contrat principal destiné à créer cette créance. Aussi n'hésitons-nous pas à proclamer en faveur du tiers donataire ayant accepté, le droit de contraindre l'assuré-donateur à l'exécution complète de son obligation qui consiste à payer les primes pour faire avoir la créance.

Cette obligation de faire se résoudra, bien entendu, en dommages-intérêts au profit du donataire.

Ainsi donc entre l'assuré et le tiers il intervient une véritable donation soustraite en la forme mais soumise quant au fond à toutes les règles des donations, notamment au point de vue de la capacité des contractants, de la réserve, du rapport et de la réduction.

Un point seulement doit arrêter notre attention. On sait que la perfection d'une donation comme celle des conventions ordinaires exige le concours de deux volontés, celle du donateur et celle du donataire. Il en est ainsi dans le cas de libéralité spéciale qui nous occupe; c'est ce qu'indique *in fine* l'art. 1121 déclarant que jusqu'à l'acceptation du tiers, le stipulant peut retirer son offre et que partant jusque-là il n'y a pas encore convention.

Or, l'acceptation du tiers-bénéficiaire pourra avoir lieu immédiatement et être constatée dans la police elle-même. Elle pourra aussi se produire après coup et dans ce cas il demeure bien évident qu'elle sera dispensée des formes solennelles prescrites par les art. 934 et suivants, Code civil. Il suffira que son existence soit clairement établie; elle pourra même ne point être expresse et s'induire des circonstances; dans le rapport des parties contractantes entre elles la seule remise de la police par l'assuré au tiers nous paraîtrait suffisante.

C'est dans l'espèce où l'acceptation intervient après coup que s'élève une grosse difficulté et la question encore si débattue de savoir si cette acceptation rétroagira au jour de l'offre pour la perfection du contrat. Il me semble évident que l'assurance au profit d'un tiers renfermant une simple promesse de libéralité, cette promesse ne se transformera en acte de donation qu'au jour où le bénéficiaire aura accepté. Sans insister sur la portée à ce point de vue de l'art. 932, Code civil, j'estime que l'opinion aujourd'hui acceptée par la jurisprudence et par quelques auteurs qui considèrent l'acceptation du tiers comme une simple *condition suspensive* de la donation, condition dont la réalisation fait remonter les effets de cette donation jusqu'au jour de la formation du contrat principal d'assurance lui-même, c'est-à-dire de l'offre, fait une application abusive des principes en matière de conditions. Sans doute une condition accidentelle à un contrat parfait rétroagit au jour du contrat lui-même, art. 1179, Code civil; mais je refuse absolument de considérer comme une condition l'intervention d'une volonté qui est destinée à former le consentement, base essentielle, source initiale du contrat même et partant d'accorder un effet rétroatif à cette volonté qui en est un *élément essentiel* et non une condition purement accidentelle.

De là, cette conséquence importante que ce sera seulement au jour de l'acceptation que le droit au capital assuré sortira du patrimoine de l'assuré dans lequel nous avons dit qu'il tombait toujours, fut-ce pour un instant de raison, et entrera dans celui du tiers-bénéficiaire. Aussi, non-seulement les droits volontairement consentis par l'assuré sur sa créance contre l'assureur avant l'acceptation seront opposables au bénéficiaire car il y aurait là une véritable révocation tacite de l'offre; mais encore lui seraient opposables tous les droits acquis par des tiers et spécialement conservés sur cette créance notamment par une saisie-arrêt entre les mains de l'assureur, bien que dans ce cas il n'y ait pas révocation même tacite; rien ne manifestant semblable intention de la part de l'assuré; dans ce dernier cas lui-même, le tiers venant à accepter ne pourrait poursuivre le donataire en garantie contre le trouble apporté à son droit puisqu'aucune garantie, sauf, celle de son fait personnel, n'est imposée au donataire. Il y a donc pour le tiers grand intérêt à accepter le plus tôt possible.

Cependant, il arrive très-souvent que, soit par négligence, soit même par ignorance de l'offre qui lui a été faite, le bénéficiaire n'a pas accepté la libéralité du vivant du donateur. Sera-t-il, par le décès de ce dernier, déchu du droit d'accepter utilement ?

Nombreuses ont été les opinions émises à cet égard. Les principes que nous avons posés ci-dessus vont nous aider à résoudre cette question.

Première opinion. — Le tiers pourra encore accepter après le décès du promettant, mais les héritiers de ce dernier conservent le droit de révoquer l'offre faite par leur auteur. Cette double théorie nous paraît inadmissible. D'une part, le promettant mort, le concours simultané des deux volontés indispensable à une donation entre-vifs est devenu impossible. D'autre part, il nous semble que si les héritiers succèdent aux obligations et aux droits acquis pour ou contre leur auteur, ils ne succèdent point aux simples offres de droit qu'il a faites ou qui lui ont été faites personnellement; les héritiers du promettant ne pourraient pas plus révoquer l'offre que ceux du tiers l'accepter, ce qui est incontestable.

Deuxième opinion. — Le décès du stipulant rend la donation irrévocable. Ce système est obligé pour sa défense de soutenir que la stipulation au profit d'un tiers ne constitue point un commencement de contrat entre le stipulant et le tiers, mais simplement une condition, une charge d'un autre contrat formé par le consentement des deux parties principales, l'assureur et l'assuré ; dès lors ne s'agissant pas d'un contrat proprement dit, il n'y a pas lieu d'exiger le concours de volontés nécessaires dans les contrats ordinaires. C'est reconnaître, on le voit, un point que nous avons contesté, à savoir qu'un droit *direct* naît au profit du tiers contre l'assureur au jour même de la stipulation. Cette opinion, qui a pour elle Pothier et les anciens auteurs, a conquis l'adhésion de la jurisprudence. Elle nous semble reposer sur l'équité plus que sur le droit.

Troisième opinion. — La donation contenue dans l'assurance au profit d'un tiers est un contrat, c'est-à-dire un lien de droit formé par le concours de deux volontés. Si celui qui a fait l'offre, le stipulant, meurt avant qu'elle ait été acceptée, ce concours indispensable à la formation de la donation ne sera plus possible. Après le décès du donateur le bénéficiaire accepterait en vain, car sa volonté viendrait trop tard et ne pourrait se rencontrer avec celle de celui-ci. Qu'on ne dise point que les héritiers du promettant succédent à ses offres, car rien n'est plus contraire au droit, ils ne succèdent qu'à celles de nos obligations qui sont actuellement formées. Quant à la seconde nous avons déjà réfuté cette idée qui consiste à considérer l'acceptation de la libéralité contenue dans notre contrat, comme la réalisation d'une condition; il ne faut pas confondre un fait accidentel avec une volonté, un acte d'adhésion à une offre. Il est du reste impossible en droit d'admettre qu'une condition puisse dépendre uniquement de la volonté de celui qui doit bénéficier de son arrivée; ce serait contraire à la nature et au caractère essentiel de la condition qui est d'être un événement dépendant du hasard.

La troisième opinion nous paraît seule en harmonie avec les principes et notamment avec l'art. 1121 : « Celui qui a fait une stipulation au profit d'autrui, lisons-nous dans cet article, ne peut la révoquer si le tiers a déclaré vouloir en profiter. » Cela veut dire que la stipulation pour autrui contient une offre révocable, tant qu'elle n'a pas été acceptée, et cela est conforme au droit commun; une fois l'acceptation intervenue, mais alors seulement, le contrat est définitivement formé et devient irrévocable. Il en résulte que l'acceptation est nécessaire pour que la libéralité existe en droit. En effet, si on lui accordait une existence indépendante de l'acceptation, il résulterait par *a contrario* de notre article, que ce serait une existence dépendant de la seule volonté du stipulant et la règle dominante en la matière, celle de l'irrévocabilité des donations, serait ainsi violée. Ce serait rétablir les donations à cause de mort, prohibées dans notre Code. Notre loi française ne reconnaît que deux modes pour faire une libéralité, la donation et le testament ; le système que nous repoussons tend à en établir un troisième, puisqu'il viole les règles des donations et qu'il n'entend nullement invoquer pour notre contrat l'application des principes qui gouvernent les dispositions testamentaires. Faute de consentement, pas de donation, mais deux volontés qui se succèdent peuvent réaliser un legs, ou un fidei-commis ; mais il faudrait alors admettre que la stipulation pour autrui renferme l'offre d'une donation entre-vifs susceptible de se convertir en disposition de dernière volonté, selon que l'acceptation interviendra avant ou après la mort du stipulant. Cela serait au moins nouveau, mais en tout cas manifestement contraire à la volonté des parties. Du reste, pour valoir comme legs, il faudrait que la disposition revêtit soit les formes du testament authentique, soit au moins celles du testament olographe ; or, la police est généralement sous seing privé et jamais écrite entièrement de la main du stipulant.

Terminons en indiquant que la stipulation comme toute donation peut être affectée de conditions diverses; dès lors elle pourrait l'être d'une condition de survie du tiers sans que semblable condition indépendante de la volonté du donateur puisse assimiler la convention à une donation à cause de mort, puisqu'elle demeure irrévocable conditionnellement et non révocable au gré du donateur. (Art. 951, Code civil).

La validité de l'assurance au profit d'un tiers établie sur les bases et dans les larges limites que nous venons d'indiquer, examinons-en rapidement les conséquences principales :

1° Entre l'assureur et l'assuré. — Contrat à titre onéreux, *do ut des*, avec la stipulation expresse que, *modo solutionis*, la prestation devra être faite entre les mains d'une tierce personne et sous la condition tacite que l'assuré ne manifestera pas la volonté de revenir sur sa première intention.

En conséquence, jusqu'au jour où l'assuré n'aura point régulièrement manifesté cette volonté à l'assureur, par exemple en lui faisant signifier la révocation qu'il entend faire de son offre, l'assureur se libérera valablement à l'encontre de l'assuré, de ses ayants droit et de ses ayants cause, par le paiement effectué aux mains de la tierce personne désignée. C'est l'exécution de la convention elle même.

La révocation dûment signifiée, c'est entre les mains de l'assuré ou de ses représentants que l'assureur devra payer, l'assuré ayant par cela seul manifesté son choix entre les deux modes alternatifs de paiement stipulés en sa faveur.

Un cas pourrait se présenter qui mérite une remarque. Au lieu d'un capital déterminé c'est une rente viagère qui a été stipulée payable au tiers sa vie durant; s'il y a révocation, les arrérages de la rente n'en seront pas moins dus à l'assuré, si c'est la vie d'une autre personne qui a été choisie comme terme du contrat, à ses héritiers, si c'est la vie de l'assuré lui-même, et ils seront dus tant que vivra le tiers désigné au contrat. On se trouve alors en présence d'une rente viagère constituée sur la tête d'un tiers qui n'a pas le droit d'en jouir. (Art. 1971, Code civil).

2° Entre l'assuré et le tiers bénéficiaire. — Contrat à titre gratuit, parfait du jour seulement de l'occupation sans rétroactivité au jour de l'offre, et ayant pour objet une créance certaine dans son quantum, indéterminée dans l'époque de son exigibilité.

En conséquence s'établissent entre l'assuré et le tiers toutes les relations de donateur à donataire, au point de vue notamment du rapport, de la réserve et de la réduction. Il demeure bien entendu que pour leur exercice c'est le montant du capital assuré qu'il faudra examiner et non celui des primes versées ainsi que l'ont soutenu plusieurs auteurs. Le patrimoine du donateur s'est en effet appauvri de la créance elle-même qui fait l'objet de la donation; sans celle-ci, en effet, elle fut tombée dans ce patrimoine comme seule valeur effective, quel qu'ait pu être son prix d'acquisition. Que si le donateur veut constituer semblable libéralité à titre de préciput il ne le pourra que par une donation en la forme authentique ou par dispositions testamentaires postérieurement faites. La dispense des formes ordinaires pour certaines libéralités ne sauraient aller jusqu'aux constitutions préciputaires.

De même seront requises toutes les conditions de capacités absolues ou relatives édictées par les art. 901 et suiv. Code civil. C'est ainsi que le bénéficiaire devra être une personne certaine et déterminée dans son individualité;

que, de plus, elle devra être actuellement née ou conçue au moment de la donation (Art. 906). Mais cette condition sera-t-elle requise au moment de l'offre ou à celui de l'acceptation ? D'une manière absolue elle le sera au jour de l'offre, sinon comment admettre que cette offre s'adressant au néant, elle ne tombe dès cet instant dans le vide ? Mais il faut reconnaître que cette offre persistant, jusqu'au jour où le donateur l'aura retirée par une manifestation de volonté contraire, l'acceptation survenant auparavant la rencontrera encore et le contrat se formera. C'est encore un motif pour n'admettre la perfection du contrat qu'au jour de l'acceptation, et sans rétroactivité. Cette acceptation, nous l'avons dit, pourra résulter de circonstances multiples laissées à l'appréciation du juge.

Acceptée, la donation pourra être révoquée pour les causes énoncés aux art. 953 et suiv. Elle le sera de plein droit par le prédécès du bénéficiaire à l'acceptation.

Du jour de l'acceptation, le bénéficiaire devient irrévocablement propriétaire de la créance. Sauf dans le cas où une condition de survie aurait été stipulée, il transmettra son droit à ses héritiers.

Par l'effet de l'acceptation, ainsi que nous l'avons exposé, le donateur contracte l'obligation de faire avoir au donataire le montant intégral de la créance donnée ; c'est-à-dire de payer les primes jusqu'à son décès. Le donataire aura donc contre lui une action à cet effet.

Enfin la révocation par l'assuré de son offre fait cesser tous les droits éventuels du bénéficiaire. Cette révocation pourra être formelle ou tacite.

3° Entre l'assureur et le tiers. — Véritable cession de créance faite au bénéficiaire par l'assuré-créancier, sur l'assureur-débiteur. Entre l'assureur et le tiers vont donc s'établir les relations de cédé à cessionnaire.

En conséquence, pas d'action directe du tiers contre l'assureur ; ce n'est qu'à l'égard de l'assuré que l'assureur s'est engagé, le bénéficiaire exercera donc, non une action propre, mais l'action de son cédant. Il en résulte que l'assureur pourra opposer à ce cessionnaire les exceptions opposables à l'assuré, telles que les déchéances faute de paiement des primes, le suicide de la personne sur la tête de laquelle repose le contrat et les autres causes d'annulation prévues à la police, sauf bien entendu le recours du cessionnaire contre son cédant pour les faits à lui personnels. Il est bon d'observer qu'il n'en serait pas de même de l'exception résultant de la compensation ou de la confusion, par exemple : l'assureur, en s'engageant à payer au tiers bénéficiaire, doit être réputé y avoir renoncé. Enfin, jusqu'à ce qu'une révocation quelconque de l'offre non encore acceptée lui ait été signifiée, l'assureur ne devra payer qu'entre les mains du tiers conformément au contrat, sinon il s'exposerait à payer deux fois.

4° A L'ÉGARD DES TIERS. — Cession de créance, avons-nous dit. En conséquence le bénéficiaire ne sera saisi à l'égard des créanciers du cédant que par une signification en due forme du transport à lui fait. C'est l'application de l'art. 1690, Code civil. Aussi ne faut-il pas hésiter à reconnaître qu'une saisie-arrêt faite entre les mains de l'assureur par un créancier de l'assuré devrait être validée, si auparavant le tiers n'avait fait signifier son acceptation qui équivaut à la signification d'un transport. Il n'y a guère lieu de supposer l'acceptation par le débiteur lui-même dans la police; car généralement elle est dépourvue de la forme authentique. Même solution si avant la signification de l'acceptation l'assuré tombait en faillite. (*Contrà.* Cour de Paris, 7 mars 1870. *Journal des assurances.* t. XXII, p. 29.)

Enfin les créanciers auront l'exercice de l'action Paulienne en cas de fraude, art. 1167, Code civil. La complicité du bénéficiaire ne serait point requise puisqu'il s'agit à son égard d'une cession à titre gratuit.

En résumé, nous ne voyons dans l'assurance stipulée au profit d'un tiers, désigné comme personne certaine, qu'une cession à titre gratuit par l'assuré au tiers de la créance qu'il acquiert contre l'assureur. D'une façon générale et sauf certaines exceptions résultant de la nature même du contrat, nous appliquons toutes les règles du Code civil relatives aux cessions de créances.

Nous arrivons à notre seconde hypothèse.

L'assurance a été contractée au profit d'un groupe de personnes indéterminées dans leur nombre et leur individualité : au profit des *enfants*, des *héritiers*, des *héritiers* et *ayants-cause* de l'assuré. La grande controverse à laquelle donne naissance l'adoption de ces formules générales est celle de savoir si les bénéficiaires ainsi désignés auront droit au capital assuré, comme dans l'hypothèse précédente, en qualité de *donataires*, ou en qualité d'*héritiers*.

Suivant qu'on se rallie à la première ou à la seconde opinion, il faut nécessairement, sur les quelques points principaux qui suivent, décider :

1° Que le capital assuré au jour du décès ne fait point partie du patrimoine de l'assuré et que partant les créanciers de la succession n'y auront aucun droit, ou qu'au contraire, cette somme sera le gage des créanciers héréditaires qui pourront la saisir-arrêter et la comprendre dans une demande en séparation de patrimoines.

2° Que dans le premier système, les bénéficiaires ayant sur la somme assurée un droit personnel né du contrat d'assurance, ils pourront la recueillir même en renonçant à la succession de l'assuré; qu'ils pourront même, s'ils l'acceptent, mais à la condition de le faire sous bénéfice d'inventaire, repousser toute prétention à cette somme de la part des créanciers héréditaires.

Dans la seconde opinion, qu'ils n'auront droit à la somme qu'à la condition d'accepter la succession de l'assuré; qu'une renonciation leur enlèverait tout droit à cet égard et que par une acceptation sous bénéfice d'inventaire seulement ils ne pourraient écarter les créanciers de la succession;

3° Que dans le premier cas, recevant la somme assurée en vertu du contrat accessoire au contrat d'assurance lui-même, il ne s'opérera aucune transmission de biens en leur faveur au jour du décès et qu'ils devront dès lors payer un droit proportionnel de transmission de créance à titre gratuit par donation entre vifs; que dans le second cas le bénéfice de l'assurance ne leur étant transmis qu'au jour du décès au même titre héréditaire que tous les autres, cette somme devra être comprise dans la déclaration de succession et donner ainsi lieu à la perception du droit de mutation par décès (voir la loi fiscale du 21-23 juin 1875).

4° Qu'enfin, l'époux commun de l'assuré acceptant la communauté n'aura aucun droit à exercer sur le montant de l'assurance ou qu'il aura au contraire droit à la moitié comme part dans cette communauté.

L'importance de la solution se trouve ainsi parfaitement mise en lumière par les conséquences qu'elle devra entraîner dans la situation des bénéficiaires, des héritiers, des créanciers et de l'épouse commune de l'assuré.

Premier système. — Les bénéficiaires ont droit au capital assuré à titre de donation, *jure proprio*. Il prend comme base à peu près unique la donnée reçue par beaucoup d'auteurs, qui n'acceptent le contrat qu'à titre de véritable assurance. Interprétant alors la volonté probable des contractants il raisonne ainsi : « Le père de famille qui recourt à l'assurance en cas de décès n'a qu'un but, réparer le préjudice que sa mort causera à ses proches et nullement accroître son patrimoine au profit de ses créanciers. Tout au contraire, il désire créer en dehors de leur action des ressources qu'il destine exclusivement aux bénéficiaires qu'il désigne. Sa volonté serait donc trompée si ce fond de garantie dont il a spécialisé l'attribution était détourné de son but unique. En un mot, ce sont ces bénéficiaires eux-mêmes qui sont assurés ; à eux seuls la mort du stipulant cause un préjudice, à eux seuls l'indemnité. »

Sans doute, et la plupart des partisans de cette opinion sont obligés de le reconnaître, la créance sur l'assurance entre bien dans le patrimoine de l'assuré qui conserve le droit d'en disposer à son gré, de l'engager ou même de l'aliéner, et partant elle fait partie du gage commun de ses créanciers ; mais ce droit de disposition ne modifie en rien la situation des bénéficiaires. En contractant sous cette forme et sous ces conditions, l'assuré a suffisamment manifesté son intention de se dessaisir de cette somme exclusivement à leur profit. Qu'on n'objecte pas qu'il ne s'en dessaisit qu'à la condition de ne point révoquer ce dessaisissement, car s'il ne l'a pas fait, si sa volonté a persisté jusqu'au jour de son décès, dès lors toute révocation devenant impossible, son dessaisissement rétroagit au jour de la formation du contrat et par application de l'art. 1177 du Code civil, depuis cette époque le capital assuré est sorti du patrimoine du stipulant et en est sorti à titre gratuit. C'est reconnaître, d'abord aux bénéficiaires le droit d'accepter l'offre de libéralité après le décès du promettant, et en second lieu, admettre que cette acceptation n'étant qu'une condition suspensive de la formation du contrat, lorsqu'elle se manifeste, elle jouit d'un effet rétroactif.

Nous avons déjà combattu cette double théorie.

On n'est du reste dans cette opinion pas plus embarrassé de cette autre objection, à savoir, que les bénéficiaires étant des personnes inconnues ou incertaines au jour de l'offre, surtout si l'on admet que l'acceptation rétroagit à ce jour-là, la donation serait faite à des personnes non encore conçues ou tout au moins incertaines. N'est-il pas évident, répond-on, que les bénéficiaires seront nécessairement déterminés par un événement ultérieur, la mort de l'assuré, et que partant ce sont bien des personnes certaines au moment de l'offre ? C'est ainsi qu'il est parfaitement admis qu'en matière testamentaire la personne du légataire est suffisamment désignée lorsque sa qualité doit être déterminée par un événement postérieur prévu et inévitable. Dès lors on satisfait pleinement aux exigences de la raison et de la loi.

Ceci admis, quant aux expressions sans doute un peu vagues d'*enfants, héritiers* ou *ayants-cause*, il ne faut point les prendre à la lettre et sans y ajouter trop d'importance on doit les entendre, *secundum subjectum materiam.* Si donc on examine l'emploi de ces expressions d'après les règles ordinaires d'interprétation tracées en matière de conventions par les articles 1156 et suiv. du Code Civil, et que, si on se demande quelle a été l'intention vraie de l'assuré stipulant dans ces termes, on est bien obligé d'avouer que l'esprit d'un tel contrat est un esprit de prévoyance en même temps que de libéralité ; il faut reconnaître que le recours à des termes semblables n'a eu qu'un but, désigner les bénéficiaires dans leur individualité, par une qualification ne laissant place à aucun doute possible. En un mot, les bénéficiaires non désignés nominativement mais par leur qualité seulement doivent être, dans l'esprit du contractant, ceux qui au jour de son décès seront appelés, d'après la loi, à lui succéder comme héritiers naturels, sans distinguer s'ils accepteront sa succession ou y renonceront. Ce sont là en effet ses plus proches, ce sont ceux qui souffriront le plus de sa perte et qu'il a eu l'intention évidente d'indemniser.

Ainsi donc, enfants, héritiers ou ayants-cause, tous ceux qui au jour du décès seront compris dans cette catégorie, qu'ils profitent ou ne profitent pas de cette aptitude légale, tous seront réputés avoir été les donataires au jour du contrat qu'ils fussent ou non conçus à cet instant, et de ce jour-là le montant de l'assurance aura fait partie de leur patrimoine et sera sorti de celui du donateur.

Cette doctrine fut celle acceptée jusqu'en 1872 par la jurisprudence, et de fort nombreuses décisions judiciaires sont venues la corroborer. Si on les parcourt on ne peut cependant y rencontrer aucun argument de droit venant appuyer semblable théorie. Elles se fondent uniquement sur l'interprétation tirée du but présumé de l'assurance et sur l'intention probable du contractant : idée de prévoyance, principe d'indemnité (1).

(1) Nous devons cependant signaler à ce propos un arrêt de la Cour de Lyon, du 2 juin 1863 (Dalloz-1863-2-219). Ce n'est point que cet arrêt indique des arguments plus décisifs que ceux invoqués, mais parce qu'il pose, au point de vue de l'interprétation de l'article 1121, un principe que nous n'avons point pu accepter et dont les conséquences seraient considérables en admettant son exactitude.

La Cour, après avoir admis que l'assurance au profit d'un tiers spécialement déterminé ou non offre les caractères d'une stipula-

A nos yeux ce premier système peut reposer sur une équité apparente, mais il viole tous principes juridiques.

Deuxième système. — Les bénéficiaires n'ont droit au capital assuré qu'en leur qualité d'héritiers, *jure hereditaris*. Le droit à la créance qui nait au jour du contrat contre l'assureur entre dès cet instant dans le patrimoine de l'assuré, il y reste jusqu'à sa mort, à moins qu'avant ce terme il n'en n'ait disposé autrement, il fera donc partie de sa succession et ceux-là seuls en profiteront qui auront et conserveront des droits sur cette succession.

Aux adversaires de cette seconde opinion que nous adoptons sans hésiter, il y a tout d'abord lieu de répondre que leur prétendue interprétation de la volonté du contractant est loin d'être aussi forcée qu'ils l'estiment. Employant ces expressions d'*enfants héritiers* ou *ayants-cause* qui dans le langage usuel sont synonymes, il a bien pu penser à une désignation dont le sens juridique est absolument défini et qu'il n'a point dû ignorer, puisque nul n'est censé ignorer la loi. La stipulation

tion licite pour autrui, croit pouvoir en conclure que le capital assuré ne constitue point une valeur ayant pu à un instant quelconque tomber dans le patrimoine de l'assuré et en sortir ensuite au profit des bénéficiaires, mais que c'est au contraire un avantage créé directement pour autrui et par la seule convention de l'assuré avec l'assureur ; et qu'enfin ce qui sort du patrimoine de l'assuré c'est, non le capital assuré, mais seulement le montant des primes payées à l'assureur. Nous pensons qu'en faisant application à l'assurance au profit d'un tiers de semblable argumentation, la Cour s'expose, tout en la qualifiant de stipulation pour autrui à ne pouvoir la faire entrer dans le cadre de l'article 1121. Si, en effet, le stipulant n'acquiert rien pour lui-même, il devient impossible de trouver dans la convention ce contrat principal et à titre onéreux dont le contrat de libéralité ne peut être qu'un accessoire.

qu'il a faite d'autre part, il pouvait la révoquer dans sa partie libérale, donc elle était aussi intentionnellement faite à son profit possible. Indiquant son but qui devait être d'en voir profiter ses enfants héritiers ou ayants-cause, il n'a fait en réalité qu'indiquer pour le cas où il ne reviendrait pas sur sa volonté, quel devait être le résultat juridique de son contrat tel que la loi elle-même en eut fait l'interprétation en cas de silence de sa part. C'est l'article 1122 : « On est censé avoir stipulé pour soi et pour ses héritiers ou ayants-cause à moins que le contraire ne soit exprimé ou ne résulte de la nature de la convention. » Quant à l'emploi par l'assuré de cette désignation surérogatoire, en présence du texte même de la loi, elle s'explique naturellement dans ce qu'elle peut avoir d'inusité, par la nature spéciale du contrat lui-même. L'accusé se rend parfaitement compte, au jour où il contracte, qu'il ne pourra recueillir personnellement le bénéfice du contrat, à l'inverse de la plupart de ceux qu'il peut faire pour lui-même, aussi est-il tout naturel que ne pouvant se désigner lui-même, il indique comme bénéficiaires ceux qui lui succéderont ; car c'est dans sa succession seulement que la créance, objet de la convention, prendra une consistance effective. Se réservant d'autre part le droit d'en disposer lui-même et avant cette époque, droit que personne ne lui conteste, il exclut ainsi toute interprétation absolue de libéralité et d'indemnité pour ses survivants.

La simple prudence commanderait donc la solution que nous indiquons, si elle n'était imposée par des exigences légales ; les libéralités ne se présument point. Or, il faut reconnaitre que là, tout au moins, la volonté du donateur ne s'est point clairement manifestée.

Mais allant plus loin, il faut reconnaître qu'en droit,

une donation même non présumée et faite dans de semblables conditions, serait entachée de nullité complète à plus d'un point de vue. Et d'abord il faudrait admettre que cette donation n'a pas besoin d'être acceptée, ce qui répugne à l'art. 1121 lui-même sous l'auspice duquel on le place ; ou bien qu'elle peut être acceptée après le décès du donateur, ce que nous ne pouvons admettre, le concours de deux volontés nous paraissant aussi indispensable à un contrat de donation qu'à tout autre. A considérer la convention du même œil que nos adversaires on ne peut y reconnaître qu'une donation à cause de mort, nulle à ce seul titre.

Mais en admettant même qu'une acceptation posthume puisse suffire à la perfection du contrat, il faut nécessairement admettre qu'elle rétroagit au jour de l'offre et que c'est de ce jour-là que le contrat a été formé. Or, n'est-il pas évident, qu'à ce moment, l'offre s'adressait à des personnes incertaines et même non conçues ? Les mots enfants ou héritiers résistent par eux-mêmes à l'idée de personnes certaines et déterminées, car le temps apporte des changements imprévus, il pourra très bien arriver que les héritiers au jour du contrat ne soient plus ceux qui le seront au jour du décès du donataire. Il peut même se faire qu'ils ne soient point encore conçus, et valider la donation au profit de ceux déjà existants lors du contrat et l'annuler au préjudice des autres, ce serait être en règle avec la loi, mais violer manifestement l'intention du donateur.

Enfin, jusqu'à son décès le donateur pourra révoquer son offre, tandis que, jusqu'à cette époque, les bénéficiaires ne pourront l'accepter ; ce qui serait faire revivre ce mode de libéralité supprimé par la loi, la donation à cause de mort.

Quant à l'assimilation qu'ils ont cherché à faire entre une telle libéralité et le legs au point de vue de la désignation certaine du bénéficiaire, nos adversaires oublient que, le legs ne produisant d'effet que *ex nunc*, il importe peu qu'au jour où il est fait, le légataire soit désigné d'une façon formelle, pourvu qu'il le soit au jour où le droit naît, en sa faveur, tandis que la donation produit un effet immédiat entre les parties, *ex tunc*, par sa rétroactivité au jour de l'offre, rétroactivité que nos adversaires sont contraints d'introduire dans leur système.

Cette doctrine qui est acceptée aujourd'hui par la Cour suprême est la seule juridique. Ce revirement s'est manifesté dans un arrêt du 7 février 1872, sollicité par l'administration de l'Enregistrement. C'est à tort, croyons-nous, que les Compagnies d'assurances se sont émues de ce changement opéré dans la jurisprudence. Sans doute il leur fait perdre un puissant moyen de crédit auprès de leurs clients ; un procédé des plus simples et qui répond au but cherché leur est offert pour parer dans certaines limites aux conséquences rigoureuses pour les bénéficiaires, du système que nous adoptons. Nous l'étudierons en traitant des modes de cession du contrat d'assurance.

Ce même effet que nous attribuons à l'assurance contractée au profit de personnes incertaines devrait être attribué au contrat stipulé en faveur d'une personne certaine, mais nul pour d'autres causes ou caduc, faute d'acceptation par exemple avant le décès de l'assuré. La créance resterait dans le patrimoine de l'assuré et en suivrait le sort.

APPENDICE

De l'Assurance vie entière dans ses rapports avec les différents régimes matrimoniaux et spécialement avec le régime de communauté.

On a préconisé l'assurance vie entière comme le meilleur moyen de réparer l'injustice de la situation faite à l'épouse par notre régime actuel de succession *ab intestat*. En attendant, peut-être longtemps encore, qu'un projet de loi présenté au Sénat, tendant à introduire à ce point de vue une réforme jugée indispensable par beaucoup de bons esprits, se transforme en une disposition législative faisant une place à la mère à côté de ses enfants dans la dévolution naturelle de la fortune du père, créant en faveur de la femme une certaine priorité sur les collatéraux du mari, qui, jusqu'au douzième degré lui-même, l'excluent de toute prétention à la succession de celui dans le cœur et dans la vie duquel elle a dû tenir une si grande place, la mettant enfin au-dessus du fisc lui-même, les assureurs ont proclamé et publié que le seul remède résidait dans l'assurance. Le remède proposé est-il, dans l'état actuel de notre législation, aussi efficace qu'on le prétend? Dans quelles limites mettra-t-il la femme à l'abri d'un oubli involontaire du mari, d'une négligence dans ses dispositions d'avenir que tant d'événements imprévus peuvent rendre irréparable, en présence de cette tradition des temps précédents dont l'influence se fait encore sentir dans nos lois modernes et qui tend à maintenir les biens généralement immobiliers dans la même famille, sauf à blesser les sentiments les plus légitimes? c'est la question qui nécessite des développements plus étendus sur ce point de notre étude. Les hésitations de la jurisprudence elle-même en démontrent toute la difficulté.

Si nous supposons les époux mariés sous le régime exclusif de communauté, sous le régime de la séparation de biens ou sous le régime dotal, le but cherché peut facilement être atteint à l'aide d'une assurance contractée par l'un des époux au profit du survivant, dès les premiers jours du mariage ou même plus tard et pendant sa durée. On se trouve en effet en présence d'une assurance contractée au profit d'un tiers, et rien dans les règles spéciales à ces régimes matrimoniaux ne s'oppose à ce que semblable libéralité au profit de l'un des époux n'échappe au sort incertain du patrimoine successoral de l'autre. La loi, bien loin de faire une confusion entre les biens des époux, tend au contraire à les séparer par des limites absolues.

Mais en sera-t-il de même sous le régime de la communauté? Ce résultat sera-t-il rendu possible par la combinaison que l'on est obligé de faire des règles relatives à la stipulation d'une assurance au profit d'un tiers, avec les règles spéciales à ce régime matrimonial, qui toutes, à l'envers des précédentes, tendent à confondre, pendant toute la durée du mariage, la fortune particulière de chaque conjoint en un seul patrimoine conjugal?

Un examen aussi général que possible des effets de l'assurance vie entière contractée par l'un ou l'autre des époux ou par tous les deux nous impose l'étude des trois hypothèses suivantes:

1° L'assurance vie entière a été contractée avant le mariage par l'un ou l'autre des futurs époux;

2° L'assurance a été contractée pendant la communauté par l'un ou l'autre des époux au profit d'un tiers, à son profit personnel, au profit de son conjoint;

3° L'assurance a été contractée conjointement pendant la communauté par les deux époux au profit l'un de l'autre.

Première hypothèse. — Avant le mariage l'un des époux a contracté une assurance vie entière à son profit, ou même au profit de son futur conjoint.

Dans le premier cas le contractant lui-même, dans le second cas son futur époux, est au moment du mariage créancier du capital assuré. C'est là une créance *mobilière* qui, cela ne peut faire de doute, suivra le sort assigné par l'art. 1401, § 1, Code civil, et tombera dans la communauté soit du chef de l'assuré lui-même, soit du chef du bénéficiaire, comme y tomberait toute autre assurance contractée par un étranger au profit de l'un des deux futurs. L'époux assuré est, au jour du mariage, débiteur des primes; c'est là une dette *mobilière* qui doit également tomber dans la communauté qui la supportera sans récompense, art. 1409, § 1, Code civil. Il en serait de même pour une assurance contractée au profit d'un tiers par l'un des futurs époux, alors même que dans ce cas le bénéfice de l'assurance doive évidemment échapper à la communauté. C'est l'application rigoureuse de la règle : *là où va l'actif mobilier, là va le passif mobilier.*

A la dissolution de la communauté le bénéfice de l'assurance devra donc être considéré comme commun et suivre le sort des autres biens de communauté.

La combinaison des règles de la communauté avec le contrat d'assurance nous présente cependant et dans cette hypothèse si simple une conséquence des plus bizarres. C'est ainsi que le futur, bénéficiaire, avant le mariage, d'un contrat d'assurance et qui en eut seul retiré tout le profit, va se voir par l'effet du mariage obligé de le partager avec son conjoint et ses héritiers ; la femme même si elle renonce à la communauté, d'en perdre tout le bénéfice. Cette bizarrerie s'accentue encore lorsque l'assurance aura été contractée par l'un des futurs époux, au profit de l'autre ainsi que cela se pratique très fréquemment en pays étrangers; on voit alors le donataire appelé à partager cette libéralité avec le donateur lui-même ou ses héritiers et même la femme renonçante en perdre totalement le bénéfice.

En présence d'une situation aussi digne d'intérêt la jurisprudence a voulu faire fléchir la loi, et la Cour de Paris, par un arrêt du 4 juin 1878 (Dalloz, 1879-2-25), a cru pouvoir décider que lorsqu'une assurance, vie entière, a été contractée par une tierce personne, le mariage intervenant postérieurement entre l'assuré et le bénéficiaire ne saurait modifier les droits de ce dernier (la femme, dans l'espèce); que le mariage ayant été contracté sous le régime de la communauté, le bénéfice du contrat ne pouvait être considéré comme étant tombé dans cette communauté, alors surtout que la femme y renonce; que par suite enfin, si le mari (assuré) est tombé en faillite antérieurement à son décès, le syndic de la faillite est sans droit pour demander l'attribution à la masse des créanciers du bénéfice de l'assurance.

Semblable décision ne peut se tenir debout, en présence des termes formels de l'art. 1401 ; le droit au bénéfice de l'assurance est incontestablement un droit mobilier sur le compte duquel on n'éprouverait aucun doute, si l'assurance avait été contractée par la femme, future épouse, au profit du mari, ou même au profit de la femme par une tierce personne autre que son futur. Il tombe donc nécessairement en communauté. Sans doute on peut prétendre que l'intention du futur en contractant a été évidemment d'attribuer à la femme seule tout le bénéfice de l'assurance, et que l'entrée en communauté n'a pu modifier son intention ; mais quelque respect qu'il faille avoir pour l'intention des parties, elle ne peut suffire à abroger un texte formel. Du reste, l'art. 1401, § 1, *in fine*, fournit lui-même le remède aux conséquences étranges qu'il pourrait amener à ce point de vue; il suffira, en effet, pour s'y soustraire, que le donateur ait imposé, comme condition de la donation, que le bénéfice du contrat resterait propre au donataire. Quant au droit d'interprétation de volonté qui appartient aux tribunaux, il ne saurait, selon nous, aller jusqu'à prétendre que semblable volonté, en dehors de toute stipulation expresse, résulte suffisamment de la nature même de l'objet donné.

La solution change si le régime adopté est celui de la communauté réduite aux acquêts. Dans ce cas, en effet, chaque époux conserverait sa créance et sa dette personnelle, art. 1498, Code civil. J'estime cependant et contrairement à une jurisprudence constante, en ce qui concerne la femme, que l'apport d'une assurance contractée par elle, antérieurement au mariage, serait réputé acquêt faute d'avoir été constaté dans un inventaire ou par un état en bonne forme. Les termes de l'art. 1499, Code civil, sont trop précis à cet égard pour laisser place à un doute, en ce qui concerne tout au moins les créanciers de la communauté. La question serait peut-être plus délicate si la police avait antérieurement au mariage acquis date certaine. Il y aurait peut-être lieu de compléter l'art. 1499 par le § 2 de l'art. 1498.

Enfin, il reste bien entendu que récompense serait due à la communauté pour le montant des primes payées des deniers communs.

Deuxième hypothèse. — Sous cette seconde hypothèse, nous avons à rechercher quels seront les effets des différentes opérations d'assurance, vie entière, que pourrait contracter, pendant le mariage, l'un ou l'autre des deux époux.

Le mari d'abord. Le principe qui domine la matière découle des art. 1401 et 1409, Code civil. Activement, toutes les acquisitions faites pendant le mariage, par le mari, tombent dans la communauté dont il est administrateur; de plus, le mari ne peut s'attribuer personnellement le bénéfice de ces acquisitions. Il ne peut se créer de propres à lui-même. Passivement et comme conséquence naturelle, la communauté est tenue sans récompense aux dettes corrélatives à ces acquisitions.

A. Le mari commun a contracté une assurance sur sa propre vie, sur celle de sa femme ou de toute autre personne au profit d'un tiers désigné. Nous avons établi que dans la stipulation d'une assurance au profit d'autrui, le stipulant au moins pour un instant de raison acquiert le bénéfice de l'assurance; ici il est évident, que pour cet instant de raison au moins, le bénéfice du contrat tombera dans la communauté, le mari ne pouvant contracter qu'en sa qualité d'administrateur et non pour lui-même; la communauté se trouvera également engagée dans les limites de cet engagement, au paiement des primes. Quant à la donation qui intervient au profit d'un tiers et qui constitue la seconde phase de l'opération, elle est formellement autorisée par l'art. 1422 du Code civil, aux termes duquel « le mari peut disposer des effets mobiliers de la communauté à titre gratuit et particulier au profit de toutes personnes pourvu qu'il ne s'en réserve pas l'usufruit. »

La communauté paiera donc les primes sans profiter du capital assuré, et de ce chef elle n'aura droit à aucune récompense.

B. Si le mari commun avait contracté la même assurance à son nom, c'est-à-dire sans désignation de bénéficiaire ou avec une désignation jugée insuffisante ou incertaine, la solution serait la même que précédemment, puisque le mari qui contracte pendant la communauté ne peut acquérir un droit mobilier qui lui soit propre. Le capital assuré tombera en communauté, sauf le droit pour le mari administrateur d'en disposer à titre onéreux par endossement ou tout autre mode de cession ou à titre gratuit, par donation entre-vifs comme plus haut, ou même par disposition testamentaire.

Que si cependant, le mari disposait par acte de dernière volonté du capital de l'assurance il faut observer qu'il y aurait lieu à application de l'art. 1423 du Code civil, en ce sens que ce ne serait plus la communauté qui supporterait, comme dans le cas d'une donation entre-vifs, la charge du legs, mais seulement et pour le tout la part attribuée au mari par le partage et ensuite ses biens personnels. Dans un cas le mari a été libéral pour le compte de la communauté, dans l'autre pour son compte personnel.

Ajoutons que dans le cas où, soit directement, soit indirectement, l'aliénation de la créance aurait profité à l'un ou à l'autre des époux, celui-ci devrait récompense à la communauté pour le montant du capital dont elle se serait appauvrie. Le bénéfice de l'assurance aura pu, par exemple, être cédé à titre de paiement à un créancier personnel de l'un des époux, vendeur non payé d'un immeuble resté propre ou employé à doter un enfant d'un autre lit, art. 1437 du Code civil, ou à doter personnellement un enfant commun, art. 1469 du Code civil.

La solution reste la même sous le régime de la communauté réduite aux acquêts. Sous les deux régimes, en effet, les règles relatives aux acquisitions et aux aliénations à titre gratuit de valeurs mobilières, durant le mariage, sont exactement les mêmes. Il y a uniquement lieu de remarquer, que sous ce dernier régime, les propres mobiliers étant plus fréquents, plus fréquents aussi seront les cas dans lesquels le capital assuré aura été employé au profit personnel de l'un des époux et dans lesquels partant il y aura lieu à récompense. L'un des époux eut-il même payé les primes de son assurance sur les revenus de ses biens propres, le capital assuré n'en tomberait pas moins en communauté, art. 1498, § 2 du Code civil. Le capital assuré ne resterait même point propre au cas où il serait justifié que les primes payées provenaient exclusivement de l'aliénation d'un propre mobilier ou immobilier. Le prix de semblables aliénations serait en effet tombé en communauté; il n'y aurait lieu qu'à une reprise.

C. Le mari commun a contracté pendant le mariage une assurance en cas de décès payable à sa femme.

La donation aura ou n'aura pas été affectée d'une condition de survie. Le premier cas sera le plus fréquent, généralement le mari aura contracté au profit de *sa veuve.* Alors et en cas de prédécès de la femme, la donation deviendra caduque et le bénéfice fera partie de la communauté. Dans le second cas, la solution sera la même, si l'on admet avec quelques auteurs que les donations entre époux pendant le mariage sont essentiellement et malgré le silence de la loi révocables par le prédécès du donataire; dans l'opinion contraire, le bénéfice de la donation sera transmis aux héritiers de la femme. Telle est du reste notre avis.

A ce point de vue général, nous nous trouvons en présence d'une assurance contractée au profit d'un tiers. Rappelons cette double conséquence du principe par nous admis en la matière. Premièrement, pour un instant de raison et jusqu'au jour de l'acceptation par la femme, la créance sur l'assureur sera entrée dans le patrimoine du stipulant, en l'espèce dans celui de la communauté représentée par le mari administrateur. Deuxièmement, par application de l'art. 1121 du Code civil, du jour de son acceptation la femme en deviendra donataire et propriétaire à l'égard de la communauté au détriment de laquelle le mari peut disposer entre-vifs à titre gratuit, particulier et mobilier; elle sera saisie de ce droit à l'égard des créanciers du mari et de la communauté du jour de son acceptation dûment signifiée à l'assureur.

Des règles spéciales aux donations faites entre époux pendant le mariage, il résulte que semblable donation même acceptée sera révocable *ad nutum*, par le mari. La révocation pourra être expresse, ou tacite, et dans ce cas s'induire des circonstances et notamment de celles prévues, en matière testamentaire, par l'art. 1038 du Code civil. Elle résulterait en outre de la séparation de corps prononcée contre la femme et, spécialement en l'espèce, de la cessation du paiement des primes. Le caractère de révocabilité *ad nutum* de cette donation enlève à la femme bénéficiaire le droit que nous avons reconnu aux autres bénéficiaires d'exiger du stipulant le paiement régulier de ces primes.

Il est presque inutile de rappeler que la femme en sa qualité de donataire sera soumise à réduction ; mais il n'est pas sans intérêt d'observer que la libéralité prendra, à ce point de vue, date au jour de l'acceptation par la femme. A moins, en effet, d'admettre que les donations entre époux pendant le mariage constituent le rétablissement des donations à cause de mort, prohibées autre part, par la loi, on doit reconnaître que semblable donation transfère *ex nunc* le domaine au donataire. Cette translation est faite *sub conditione*, sous la condition qu'elle ne sera pas révoquée par le donateur; mais il y a lieu de remarquer que la loi, exceptionnellement, autorise ici la donation faite sous une condition purement potestative de la part du donateur. Il en résulte que les legs faits par le mari seront réduits avant la donation et ne seront point réputés l'avoir révoquée.

La femme sera également soumise au rapport fictif, si elle se trouvait légataire *ab intestat* de son mari. Enfin, on ne peut contester que cette donation accessoire à un contrat principal et à titre onéreux ne soit comme entre tous autres, permise entre époux et comme toutes les autres de même nature, dispensée des formes ordinaires.

Un point important à noter, c'est que, nous plaçant sous le régime de la communauté légale, la donation faite par un époux à l'autre aura pour objet non point un propre de l'époux donateur, mais nécessairement un bien commun. De là cette double question : 1° la donation d'un bien commun faite entre époux pendant le mariage est-elle valable ? 2° Quels seront les effets de cette donation ?

A la première question la réponse est facile; car la résoudre négativement serait poser en principe que sous le régime de la communauté légale, les donations entre époux pendant le mariage seraient impossibles, ce que le législateur n'a édicté nulle part. Bien plus, l'article 1480, Code civil, semble donner à supposer que le législateur a implicitement prévu ce cas lui-même.

Cependant, contre la validité de l'assurance contractée par un époux commun au profit de son conjoint, on a élevé une objection tirée de l'article 1395, Code civil. Si un conjoint, a-t-on dit, peut donner à l'autre un bien dépendant de la communauté, il en résultera que le partage de cette communauté ne se fera plus *également* entre les deux époux et qu'ainsi les conventions matrimoniales auront reçu un changement après la célébration du mariage. L'art. 1395 sera donc formellement violé.

Sans doute cette objection serait fondée, si l'effet de la donation était de constituer pour le donataire le droit avant tout partagé de prélever l'objet donné; ce serait en effet, créer, et après coup, ce qui n'est autorisé que par les conditions matrimoniales elles-mêmes, un véritable *préciput conventionnel*. C'est de la comparaison de l'article 1480, Code civil, avec les articles 1515 et suiv., des effets de la donation entre époux pendant le mariage, et de ceux d'un préciput constitué par contrat de mariage, que ressortent des différences radicales et topiques entre ces deux conventions. Par la première, le conjoint donateur se montre libéral à son propre préjudice, ainsi qu'on va le voir, par la seconde il se montre exclusivement libéral au préjudice de la communauté.

Quels seront donc les effets de la donation faite entre époux communs, et pendant le mariage du bénéfice d'une assurance dépendant de la communauté ?

La créance contre l'assureur, étant tombée dans la communauté, constitue jusqu'au jour du partage une propriété indivise entre les deux époux. Sur l'effet de ce partage seulement, et en conformité de l'article 883, Code civil, auquel renvoie l'article 1476, chaque époux sera réputé avoir été toujours propriétaire des effets communs échus à son lot. Il en résulte que le mari n'aura pu valablement donner à sa femme que ceux des biens communs qui lui seront attribués, et que toute donation portant sur ceux des biens attribués à la femme restera sans effet au point de vue attributif de la propriété, et alors :

Ou par l'effet de la renonciation de la femme en cas d'acceptation, ou par le hasard du partage, la totalité de la créance assurée tombera dans le lot du mari ou de ses héritiers, et la femme sera réputée en avoir été donataire au jour de la donation elle-même, de même que le mari sera réputé par l'effet déclaratif du partage, l'avoir toujours eu dans son domaine. La libéralité aura dans ce cas pleinement produit le résultat cherché.

Ou la femme ayant accepté la communauté, le capital assuré tombera tout entier dans son lot. Elle sera réputée en avoir toujours été propriétaire ; le mari n'aura donc pu valablement lui donner ce qui ne lui appartenait point. La libéralité semble donc avoir complètement manqué, et en réalité aura manqué souvent son but.

Ou enfin le sort fera tomber moitié de la créance dans le lot de la femme, moitié dans celui du mari. La libéralité n'aura eu pour objet que cette dernière moitié, puisque pour l'autre, la femme en sera réputée propriétaire avant cette libéralité, en sa qualité de commune et co-partageante.

L'opération paraîtra donc n'avoir obtenu que la moitié de sa portée.

C'est précisément en prévision de ces deux dernières hypothèses qu'intervient l'article 1410, décidant que « les donations que l'un des époux a pu faire à l'autre ne s'exécutent que sur la part du donateur dans la communauté et sur ses biens personnels. » C'était poser nettement la différence existant entre la donation entre époux pendant le mariage et le préciput conventionnel. Ce dernier en effet ne doit en principe s'exercer que sur la masse commune restant partageable après le paiement des dettes de la communauté et non sur les biens personnels de l'époux prédécédé, art. 1515, Code civil. Il donne lieu à un prélèvement avant tout partage et rend ce dernier inégal entre les époux. En présence de la donation, au contraire, il est procédé au partage, comme s'il n'en était point intervenu ; une part égale est attribuée à chaque copartageant, et c'est seulement sur les biens reconnus la propriété du donateur au jour de la donation, que celle-ci s'exerce. C'est ainsi qu'est évité l'écueil de l'article 1395, Code civil. Le mari aura donné non un bien commun, mais un bien propre.

Pour laisser à la libéralité tout son effet possible et sans heurter les dispositions de cet article 1395, l'article 1480 accorde à l'époux donataire un recours sur les biens personnels de l'époux donateur, pour la part de l'objet donné qu'il ne peut obtenir à titre de libéralité, la conservant à titre de propriété personnelle. Mais ce recours ne sera point toujours aussi efficace que l'eût été un prélèvement avant tout partage. Ce sera, selon nous, à titre de créancière d'une somme déterminée seulement, que la femme pourra l'exercer sur la part du mari dans la communauté et sur ses biens personnels, elle devra donc subir le concours des créanciers de la communauté et de ceux personnels du mari. Examinons dans notre espèce particulière la portée de ce recours.

La femme a-t-elle dans son lot la totalité de la créance assurée, elle ne pourra retirer profit de la donation, que si le mari meurt *in bonis*, sinon son recours sera illusoire. Il le sera de même en cas de partage égal de la créance contre l'assureur pour la moitié tombée au lot du mari. Cependant, si la femme par la signification de son acceptation à l'assureur a rendu la cession qui lui a été consentie opposable aux tiers, il en résulte que, pour nous, elle primera sur la part de la créance attribuée au mari, et les créanciers de la communauté et les créanciers personnels. De même enfin, si la totalité de la créance figure dans la part du mari, la femme, en vertu de la même signification au débiteur cédé, écartera le concours de tous les créanciers du cédant. De là cette conséquence bizarre que pour obtenir le plein effet demandé à l'assurance, il faudra autant que possible faire tomber au lot du mari la créance assurée en entier. Mais les créanciers auront toujours le droit en intervenant au partage d'exiger que le sort seul en décide. On voit combien dans ce cas est peu certain le remède que l'on a prétendu trouver dans l'assurance sur la vie contractée par un époux au profit de son conjoint survivant.

Enfin, et pour marquer une dernière et profonde différence entre notre donation et le préciput conventionnel, il y a lieu d'observer qu'en cas de donation pendant le mariage, la femme prime les créanciers de la communauté eux-mêmes, tandis qu'elle est primée par eux en cas de préciput conventionnel, art. 1519, Code civil.

Telles sont les conséquences rigoureusement logiques du principe admis, que le bénéfice de l'assurance contractée pendant le mariage par le mari au profit d'un tiers ou de sa femme tombe d'abord en communauté. Cette théorie n'a pourtant été admise que par deux décisions judiciaires restées isolées. Ce sont un jugement du Tribunal de commerce de la Seine, du 14 février 1873, et un autre du Tribunal civil, du 25 juin 1875.

La jurisprudence contraire que nous allons examiner a statué dans des espèces peut-être en apparence moins favorables à notre opinion que celles de la communauté légale; l'assurance avait été contractée sous le régime de la communauté réduite aux acquêts.

Pour nous, sous ce régime ainsi que sous celui de la communauté légale, le principe reste le même. L'acquisition de la créance est commune car, sauf preuve contraire, on doit admettre que c'est toujours la communauté qui paie les primes, que ce paiement, et partant l'acquisition même de la créance, est fait de biens et revenus tombés en communauté, et que conformément à l'article 1498, § 2, Code civil, il y a là un acquêt de communauté.

C'est un arrêt récent de la Cour de Nancy, du 21 janvier 1882 (Dalloz, 1882-2-174) qui paraît résumer la doctrine de la jurisprudence. Cet arrêt décide que le bénéfice de l'assurance, en cas de décès, contractée par le mari au profit de sa femme survivante constitue une *créance propre* à cette dernière; qu'en conséquence, la femme doit *récompense* à la communauté pour le versement des primes effectué, versement dont l'effet a été la conservation d'un bien personnel à l'un des conjoints, art. 1437, Code civil, à moins que le mari n'ait expressément ou implicitement exonéré sa femme de la récompense.

Un premier point à retenir, c'est que la Cour reconnaît elle-même que le paiement des primes a été fait de deniers communs puisqu'elle en impose la récompense à la femme et qu'en outre elle repousse en principe toute idée de libéralité par le mari à sa femme, puisqu'elle admet qu'il y a lieu de rechercher si, implicitement ou expressément, il a entendu lui faire donation des primes payées sur des deniers communs. C'est admettre que la stipulation de l'article 1121 ne constitue point par elle-même une donation au profit du tiers bénéficiaire, ce que personne n'a osé soutenir jusqu'ici; que partant ce bénéfice ne sera soumis ni à rapport ni à réduction; c'est reconnaître, en outre, que contrairement aux dispositions formelles de l'article 1498, un époux commun peut *acquérir* un propre pendant le mariage avec les deniers de la communauté; c'est enfin donner à l'article 1437, Code civil, une extension qu'il ne semble point comporter. Cet article prévoit en effet, pour en imposer la récompense, que des deniers communs auront pu être employés pendant le mariage à la conservation, à l'amélioration ou au recouvrement, mais non à l'acquisition, d'un bien personnel. Semblable supposition en effet violerait l'idée fondamentale de la communauté d'acquêts elle-même.

A un autre point de vue, même en supposant que par impossible, un des époux communs, pendant le mariage, puisse se créer un propre à lui-même, comment admettre que le mari contractant avec l'assureur, ce soit la femme qui acquiert en propre et directement le bénéfice du contrat, si l'on ne fait intervenir une donation en sa faveur? Or, la cour repousse également cette idée en imposant récompense à la femme. L'arrêt de la cour de Nancy va donc à la fois et directement à l'encontre de l'article 1121 et des principes essentiels de la communauté. De plus et plus évidemment que le nôtre, son système blesse l'intention probable des parties. C'est ainsi qu'il pourra se produire ce résultat étrange et qui découle nécessairement du fonctionnement de l'assurance sur la vie, que la femme ait à rembourser à la communauté à titre de récompense, un capital de primes supérieur au capital assuré. Il nous semblerait fort regrettable que la jurisprudence persistât dans cette voie, dérogeant, à propos de notre contrat, aux règles les mieux établies de la communauté.

Si maintenant nous supposons l'hypothèse plus rare où ce sera la femme commune qui aura contracté une assurance vie entière à son profit, à celui d'un tiers ou à celui de son mari, une distinction s'impose : La femme a-t-elle, oui ou non, été autorisée ?

L'autorisation résultera généralement de la signature du mari à la police, ou même dans un acte postérieur, comme intervenant ou acceptant.

Si la femme a été autorisée, mêmes conséquences que dans le cas où c'est le mari qui a stipulé. Avec l'autorisation maritale en effet, la femme peut acquérir pour le compte de la communauté et nous ne voyons pas pourquoi avec cette même autorisation elle ne pourrait point donner à son mari un objet de la communauté, de même qu'il peut le faire lui-même. Dans les ventes permises entre époux, aussi bien que dans les donations que la loi autorise entre eux, c'est toujours le mari qui autorise la femme à contracter avec lui.

Si la femme a contracté sans autorisation, peu importe au profit de qui l'assurance aura été contractée ; son bénéfice tombera toujours dans la communauté. Le contrat en effet est annulable pour défaut de capacité, dans les termes des articles 1124 et 1125, Code civil. Si l'annulation n'en n'est pas demandée contre l'assureur, qui serait en cas contraire obligé de restituer les primes payées, il restera tenu au paiement du capital assuré, et la femme, de même que si elle eût été autorisée, aura, par l'effet d'une ratification tacite, valablement acquis au profit de la communauté. Quant à la stipulation libérale qu'elle aurait pu faire au profit d'un tiers ou de son mari, elle tombera sous le coup de l'article 905, Code civil. Cette doctrine a été admise par un arrêt de cassation du 12 février 1877. (Dalloz. 76, 2, 181.)

Notons en terminant que si par une disposition testamentaire de l'un des époux ayant pour objet le capital assuré, dans les relations réciproques des conjoints, on arrive au même résultat que par une stipulation adjointe au contrat d'assurance lui-même, il en est tout autrement à l'égard des donateurs légataires ou créanciers. Par la donation entre-vifs dûment acceptée et ayant acquis une date certaine, l'épouse donataire exclut les légataires et les créanciers du donateur et prime, au point de vue de la réduction, les autres donataires. Ces différences font ressortir l'intérêt considérable qu'offre la libéralité faite sous la forme que nous avons indiquée et l'inconvénient de s'en remettre à un simple acte de dernière volonté.

Troisième hypothèse. — Notre troisième hypothèse est celle où l'assurance aura été contractée conjointement pendant la communauté par les deux époux au profit l'un de l'autre.

Chacun des époux aurait pu, par une police séparée et isolément, contracter une assurance au profit de son conjoint survivant. Nous venons d'examiner les effets de semblable convention. Il résulte spécialement de cet examen que la condition de survie n'affecte en rien le double contrat passé entre l'assuré et l'assureur, en ce sens, que ce dernier sera toujours tenu de payer le montant de chaque assurance, soit dans le cas où c'est l'assuré qui prédécède, à son conjoint survivant et bénéficiaire sous la condition de survie, soit au cas où c'est le bénéficiaire qui meurt avant l'assuré, à l'assuré lui-même ou pour mieux dire à ses héritiers, si sa propre vie a été prise comme terme du contrat. La modalité de survie n'affecte donc que le contrat accessoire de libéralité entre l'assuré et le bénéficiaire. Dans cette combinaison donc, deux contrats distincts, deux montants d'assurance à payer par l'assureur, aussi deux versements de primes à payer. L'intention réciproque de chaque conjoint d'assurer à son survivant un capital déterminé sera bien remplie, mais au prix du lourd sacrifice qu'impose ce double versement des primes. C'est à cet inconvénient que l'on a essayé de parer par une assurance unique contractée sur la tête des deux époux et stipulée payable au survivant lors du décès du prémourant. Assurance sur deux têtes, dont la mort de la première est prise comme terme incertain du contrat, et la survie de l'autre comme condition attributive du bénéfice. En dernière analyse nous trouvons une obligation à terme incertain de la part de l'assureur envers les deux époux, une donation réciproque sous condition de survie par chaque époux à l'autre, du bénéfice de l'assurance. En un mot, une seule assurance, un seul capital payable, un seul versement de primes à effectuer et la certitude que le survivant des époux touchera à la mort de son conjoint une somme certaine que l'on peut considérer, *lato sensu*, comme une indemnité.

Cette opération est-elle valable ? Elle l'est incontestablement si l'on ne regarde que le contrat intervenu entre l'assureur et les époux, contrat aléatoire reposant sur deux têtes, le décès de la première étant pris comme terme incertain de l'obligation. Mais nous n'hésitons point à reconnaître qu'il en est tout autrement de la donation accessoire que se font *réciproquement et par un même acte* les deux époux. Elle tombe incontestablement sous les termes sinon sous l'esprit de l'art. 1097, Code civil, qui édicte formellement que « les époux ne pourront pendant le mariage se faire, ni par acte entre-vifs ni par testament aucune donation mutuelle et réciproque par un seul et même acte. » Or, dans notre contrat plus que dans tout autre, cette possibilité de révocation que la loi a voulu conserver rigoureusement à chaque époux serait complètement supprimée, car chaque époux étant engagé au paiement des primes, l'intention de l'un d'entre eux de faire tomber sa libéralité en cessant de les payer serait paralysée par la volonté contraire de l'autre qui continuerait à en effectuer le versement. La nullité ne nous paraît donc pas douteuse.

Une solution juridique aussi brutale et si évidemment contraire aux intérêts les plus légitimes a inspiré aux jurisconsultes des interprétations, aux tribunaux des décisions malheureusement inadmissibles.

Une première opinion a prétendu trouver dans la clause d'attribution au survivant du bénéfice de l'assurance contractée conjointement, une convention à titre onéreux et aléatoire par laquelle chaque époux concède à son conjoint un droit éventuel à la totalité de la créance assurée en échange d'un droit semblable. C'est échapper à la nullité de l'art. 1097, pour tomber sous le coup de celle édictée par l'art. 1595, qui prohibe la vente aussi bien que l'échange, même aléatoires, entre les époux pendant le mariage. Semblable théorie ne tendrait du reste à rien moins qu'à rendre illusoire la prohibition de l'article 1097. On pourrait, en effet, faire rentrer dans son cadre toutes les donations réciproques et affectées d'une condition de survie, que les époux pourraient se faire dans un même acte. Dans cette opinion, bien entendu, il n'y aurait pas lieu à récompense de la part de l'époux bénéficiaire, pour le capital des primes payées des deniers de la communauté.

Une seconde opinion voit dans l'opération deux contrats à titre onéreux et aléatoire intervenant entre chacun des époux et l'assureur, et dont l'effet serait de constituer un propre à l'époux survivant. Ce système a été développé par l'éminent professeur, M. Labbé. Il propose de considérer chaque époux comme ayant assuré à son profit sur la tête de son conjoint, ainsi qu'il pouvait le faire sur la tête d'un tiers, l'intégralité du capital en y ajoutant une condition de survie à celui dont la mort est choisie comme terme du contrat. Toute stipulation à titre gratuit et onéreux disparaît ainsi entre les époux. Jusqu'ici et bien que torturant évidemment l'interprétation du contrat, nous acceptons l'avis du savant professeur, mais nous nous refusons à le suivre dans sa manière de penser, lorsque développant son système et examinant le résultat de la convention ainsi comprise, il estime que « la créance conditionnelle ainsi acquise à chacun des époux ne tombe pas en communauté ; chaque époux s'est obligé à payer les primes, cette dette tombe dans la communauté, mais sauf récompense, parce qu'elle est destinée à augmenter la fortune propre du conjoint survivant. » Nous avons déjà exposé qu'à nos yeux, la communauté durant, fut-ce même une simple communauté d'acquêts, il est impossible d'admettre qu'un des époux puisse acquérir un *propre mobilier*, ce propre consistât-il en une créance conditionnelle, surtout lorsque l'on suppose, ce que M. Labbé lui-même est obligé de faire, que le prix de cette acquisition est fourni par les deniers communs. La conséquence unique qui puisse, pour nous, découler des données acceptées par l'éminent jurisconsulte, sera que toute idée de donation ou d'échange entre époux disparaît, et avec elle la nullité de la convention, mais que la créance ou mieux les deux créances conditionnelles ainsi acquises tomberont dans la communauté et seront comprises dans le partage sans affectation privilégiée à l'un ou l'autre des époux. Là encore, le but présumé de l'opération se trouvera manqué. Néanmoins, cette ingénieuse interprétation avec les conséquences que nous repoussons a été adoptée par un jugement du Tribunal de Meaux, du 8 mars 1877, et par un autre du Tribunal de Clermont, du 26 mai 1879. Le fisc a fait prévaloir une interprétation analogue basée sur la loi du 23 juin 1875. (*Revue du notariat*, 1880, p. 137.)

Nous trouvons enfin la jurisprudence actuellement établie par un fameux arrêt de la Cour suprême dans une affaire *Théodat*, du 28 mars 1877. (Dalloz-1877-1-241.) Il confirme un arrêt de la Cour de Douai qui infirmait lui-même un jugement du Tribunal de Cambrai resté fidèle aux principes juridiques que nous réputons seuls vrais.

Comme nous la Cour de cassation distingue une double opération dans l'assurance contractée conjointement par les deux époux communs ; double contrat à titre onéreux entre les conjoints et l'assureur d'une part, contrat réciproque de donation mutuelle entre les deux époux, d'autre part. Elle admet que le bénéfice de ces deux assurances tombe d'abord en communauté et en sort par l'effet d'une libéralité de chaque époux à l'autre, mais si elle dispense le bénéficiaire de la récompense pour les fonds de communauté employés à acquitter les primes, c'est-à-dire à exécuter l'engagement personnel de l'assuré bénéficiaire, c'est qu'une intention libérale de la part de l'autre époux à cet égard a été admise par la Cour qui elle-même l'induit de la nature même de la convention. Comme nous enfin, elle reconnaît à la femme au profit de laquelle le mari a isolément contracté une assurance, le droit d'en réclamer le bénéfice bien que renonçant à la communauté. Nous sommes jusqu'ici d'accord avec elle. Où nous cessons de l'être, c'est lorsque, mise en présence de la prohibition de l'art. 1097, elle s'efforce de la tourner, considérant que « les effets de l'assurance sur la vie contractée par deux époux communs en biens au profit du survivant d'entre eux doivent être réglés, en cas de prédécès du mari, comme si l'assurance avait été contractée par le mari seul sur sa propre vie et au profit de la femme survivante. » La Cour considère donc le contrat exclusivement à l'instant où il produit son effet et non à l'instant de sa passation ; or, les conditions où il a été contracté sont telles qu'incontestablement des deux conventions l'une se trouvera résolue par le même événement qui rendra l'autre désormais certaine, l'arrivée du décès de l'un des époux qui marque en même temps l'accomplissement de la condition de survie à laquelle les deux créances étaient soumises et produit nécessairement pour chacune d'elles un effet inverse, rendant l'une ferme, résolvant l'autre. Cette subtile argumentation pourrait être admise si cette convention qui est une véritable donation entre-vifs pouvait être considérée comme une donation à cause de mort, ne produisant d'effets qu'à la mort du donateur : Mais ici il n'en est rien ; c'est au jour du contrat que chacun des époux s'est dessaisi au profit de l'autre d'un droit actuel, bien que soumis à une condition résolutoire, c'est donc à cet instant qu'au regard des époux entre eux aussi bien qu'à l'encontre des tiers, il faut se placer pour apprécier le contrat, aussi bien au fond que dans la forme. Dans la forme, et à cet instant, c'est une donation mutuelle et réciproque faite dans un même acte. A considérer ce raisonnement comme exact, il deviendrait au même titre applicable à toute autre donation entre époux de biens présents, faite réciproquement et affectée d'une condition de survie.

En donnant satisfaction à la pratique et à des intérêts bien respectables, la Cour suprême va à l'encontre de la loi. C'est cette loi, strictement interprétée, qui nous oblige à déclarer la nullité d'une des formes du contrat d'assurance en cas de décès la plus pratique et la plus digne de faveur, appelant à ce double titre une réforme législative indispensable.

Il en résulte donc qu'il serait prudent de la part des assureurs de recourir à une double police. Cet expédient mettrait à l'abri d'un revirement possible de la jurisprudence des intérêts aussi précieux.

SECTION TROISIÈME

DES CESSIONNAIRES DU BÉNÉFICE DE L'ASSURANCE

Nous venons d'examiner, sous le titre d'assurance contractée au profit d'un tiers, un des procédés par lequel l'assuré peut transmettre à autrui le bénéfice de son contrat. Le côté caractéristique de ce premier procédé consiste en ce que c'est spécialement en vue de la personne de ce tiers et dans son unique intérêt qu'intervient entre l'assureur et l'assuré le contrat principal d'assurance, bien qu'il ne figure qu'accessoirement dans la convention, et cela par l'effet de cette stipulation directe au profit d'autrui qu'autorise l'art. 1121, Code civil. Tout autre est le second procédé dont il nous reste à parler. Très usité en pratique, il consistera toujours en un acte postérieur, indépendant du contrat d'assurance lui-même, il interviendra généralement avec une personne à laquelle l'assuré n'aura nullement songé en contractant; enfin le transport ainsi effectué le sera plus souvent à titre onéreux, tandis que le mode ci-dessus est exclusivement approprié aux transports à titre gratuit.

On a essayé de nier la possibilité de cession d'une créance telle qu'est celle engendrée par le contrat d'assurance vie entière. Les contestants sont, bien entendu, tous ceux qui ne comprennent le contrat que sous la condition qu'il soit une véritable assurance. Ils ne peuvent admettre, en effet, que son bénéfice puisse appartenir à quiconque n'aura pas un intérêt à la conservation de la vie assurée. A ce raisonnement dont le point de vue bien plus large auquel nous nous sommes placés fait complète justice ils ajoutent cette considération du même ordre, que le but de l'opération étant de créer à titre de compensation un capital dans le patrimoine du défunt pour ses plus proches ou ses héritiers, on ne doit point permettre au créateur de les en dépouiller par un acte aussi facile qu'une cession. Il faudrait donc dans ce cadre étroit admettre que l'assuré n'a entendu ni pu acquérir qu'une propriété indisponible et insaisissable à l'encontre des siens, propriété sur laquelle de son vivant il se serait interdit le droit de porter la main même dans les plus extrêmes besoins. Beaucoup n'ont point reculé devant de pareilles conséquences. Pour nous la vérité est que la créance acquise contre l'assureur doit être et se trouve effectivement entre les mains de l'assuré un réel instrument de crédit. C'est même là, entre autres, une des causes puissantes du développement de l'institution. Cette faculté de transmission est du reste reconnue par *a contrario* dans l'art. 4, § 2, de la loi du 11 juillet 1868 (1).

La créance née du contrat d'assurance vie entière est une créance purement civile, la cession aux termes du droit commun sera donc parfaite entre les parties par l'effet du seul consentement. Ce sera seulement *ad probationem* que, au-dessus de 150 francs, elle devra conformément à l'art. 1341, Code civil, être constatée par écrit. A l'égard des tiers elle deviendra parfaite par la signification du transport faite au débiteur aux termes de l'art. 1690, Code civil.

Un point préliminaire et qu'il importe de bien préciser, c'est celui de savoir quel sera exactement l'objet de la cession. La difficulté à cet égard surgit de la stipulation habituelle relative au paiement facultatif des primes qui autorise l'assuré dans ses relations avec l'assureur à continuer ou résilier le contrat suivant son gré. S'il exécute jusqu'au terme le versement des primes, l'assureur sera débiteur de l'intégralité du capital assuré ; il ne devra au contraire, et conformément à la convention usuelle qu'une simple restitution portant sur une fraction des primes (1/3 environ) déjà payées (2), si le contrat a été abandonné. La créance cédée varie donc dans son quantum suivant qu'un plus ou moins grand nombre de primes auront été régulièrement versées. Et alors la cession consentie par l'assuré devra-t-elle être réputée avoir pour objet cette

(1) Cette loi spéciale aux assurances contractées sur la caisse de l'Etat déclare que, par un privilège spécial, les sommes assurées seront insaisissables et incessibles jusqu'à concurrence de moitié, sans toutefois que cette part puisse descendre au-dessous de 500 francs.

(2) Cette fraction restituable est désignée par les assureurs sous l'expression assez impropre de prix de *rachat*.

somme totale que dès à présent l'assureur est engagé à payer envers le cédant, sous la condition suspensive du versement intégral des primes ou seulement sur le prix de rachat tel qu'au jour du contrat il est déterminé par la police, proportionnellement au montant des annuités payées ? En d'autres termes, l'assuré cédant va-t-il par le seul effet de la cession se trouver obligé à l'égard du cessionnaire à effectuer régulièrement ce versement jusqu'au terme entre les mains de l'assureur, ou bien au contraire conservera-t-il la faculté de ce versement tant qu'elle aura été stipulée dans ses relations avec cet assureur ? Demeurera-t-il ainsi maître de l'effet de la cession qui pourra porter à son gré sur une fraction minime ou sur la totalité du capital assuré ?

Inutile d'insister sur le cas où une convention accessoire aura réglé la situation réciproque du cédant et du cessionnaire, le premier s'engageant par l'acte de cession même à la continuation des versements et partant à faire avoir à son cédant la créance assurée toute entière. Que si, au contraire, par l'acte de cession il se dégageait expressément de cette obligation qui nous semble résulter tacitement de l'acte de cession lui-même, il y a lieu de se demander si la cession serait valable. Résulte-t-il du contrat, notamment du prix de la cession, que celle-ci n'a pour objet que le prix de rachat actuellement dû par l'assureur; évidemment la cession sera valable, mais pour ce prix seulement, quant au surplus, s'il est dû par la continuation du contrat, ce sera au profit de l'assuré. Résulte-t-il, au contraire, de la convention que, dans l'intention des parties, la cession a eu pour objet la totalité de la créance assurée, mais sous la condition que le cédant continuerait à verser les primes, le contrat sera évidemment nul comme fait sous une condition potestative.

Semblable interprétation de la convention sera facile lorsque la cession aura été faite à titre onéreux. En l'absence d'autres éléments, la pierre de touche de l'intention des parties sera, ainsi que nous l'avons dit, le prix ferme de la cession. Mais il ne faudra pas oublier que ce prix, qu'il ait pour objet la cession de la fraction de capital actuellement due, ou la totalité de la créance assurée, sera toujours inférieure à l'une ou l'autre, l'opération revêtant nécessairement un caractère aléatoire, en ce qui concerne l'époque d'exigibilité. La difficulté d'interprétation naîtra du point de savoir si cette infériorité du prix aura pour cause ce dernier *alea* seulement, ou l'exécution incertaine, par le cédant, de son contrat avec l'assureur.

La question deviendra surtout délicate lorsque la cession aura été consentie à titre gratuit, et notamment dans le cas fréquent où elle résultera d'une stipulation adjointe au contrat principal dûment acceptée par celui au profit duquel elle aura été faite. Le prix fait absolument défaut comme base d'interprétation.

La cession à titre gratuit a incontestablement, à nos yeux, pour objet la totalité de la créance assurée. Personne, en effet, ne refusera au cessionnaire donataire le droit à cette intégralité si elle vient à être exigible contre l'assureur par l'inexécution complète du contrat de la part de l'assuré, et nul, dans ce cas, ne prétendra le réduire au prix de rachat dû à l'instant de la cession; de même pour un acquéreur de la créance à titre onéreux. C'est donc que la vente ou la donation a eu pour objet conditionnel ou certain l'intégralité de cette créance. Or, la condition purement potestative vicie aussi bien le contrat de vente que celui de donation, puisque le vendeur ou donateur aura vendu ou donné plus ou moins, selon son gré, selon qu'il paierait ou ne paierait pas les primes jusqu'aux termes. Comme il est impossible de supposer l'introduction dans un contrat d'une condition qui le vicie si elle n'est clairement exprimée, il faut reconnaître que la cession a porté sur la totalité de la créance certaine et future dans son exigibilité, et que par son seul fait le cédant s'est engagé à en assurer la perfection.

Examinant plus haut l'effet, dans les rapports de l'assureur et de l'assuré, de la stipulation de versement facultatif des primes, nous avons exposé que semblable convention ne viciait point le contrat, qu'il ne fallait point y voir une condition potestative de la part des contractants, mais un simple droit de dédit réservé en sa faveur, une véritable adjonction de clause pénale. Cette nullité ne peut être écartée dans les rapports de celui qui cède les droits à lui acquis par cette convention et de son cessionnaire, car on ne trouve plus ni cette indemnité ni cette restitution qui sont les signes caractéristiques du dédit, et qui se rencontrent au contraire dans la première hypothèse. Dans le premier cas, c'est une résolution absolue du contrat avec dommages-intérêts stipulés par avance, qui sera la conséquence d'un changement de volonté du contractant; dans le second, au contraire, ce changement ne résoudra pas le contrat, mais en modifiera l'objet.

Nous pensons donc, que par l'effet de la cession qu'il fait de son contrat, le preneur d'assurance aggrave son obligation au versement des primes; elle reste facultative à l'égard de l'assureur, elle devient absolue à l'égard du cessionnaire. Son inexécution donne à ce dernier droit à des dommages-intérêts pour inexécution du contrat, non prévue ni réglementée d'avance et par la convention elle-même.

Telle n'est point l'opinion de ceux qui soutiennent que

la créance transmise entre l'assureur et l'assuré ne constitue qu'une créance conditionnelle ; pour eux elle est transmise telle qu'elle existe entre le créancier et le débiteur. Ainsi concluent-ils que, ni les bénéficiaires, même lorsqu'ils ont accepté, ni les cessionnaires ne peuvent forcer le preneur d'assurance à continuer l'opération et à payer les primes ; qu'ils n'ont d'autre alternative que de les payer eux-mêmes ou de renoncer à l'assurance.

L'un des auteurs qui a le plus longuement soutenu cette opinion, M. Couteau (*Traité des assurances sur la vie, n° 452 et suiv.*), expose que dans la cession à titre gratuit, la libéralité ne comprend qu'une donation ferme, celle de la valeur du contrat d'assurance ou prix de rachat au jour de la cession ; que si le cessionnaire peut au terme exiger l'intégralité du capital assuré, c'est qu'à cette première donation *ferme*, sont venues s'ajouter, par la continuation du versement des primes de la part du cédant, des donations manuelles faites chaque année par l'assuré et consistant dans le paiement annuel de ces primes.

Plus embarrassé lorsqu'il s'agit d'une cession à titre onéreux, il déclare que le contrat d'assurance étant personnel à l'assuré et que stipulant le paiement facultatif des primes, nul ne peut être forcé de faire ou de continuer une assurance ; mais il est contraint d'ajouter que la seule sanction que le cessionnaire à titre onéreux pourrait demander serait une condamnation à des dommages-intérêts d'après les termes de l'article 1142, Code civil, édictant que toute obligation de faire se réduit à des dommages-intérêts. » (Loc. cit., § 456.) C'est reconnaître, après l'avoir contesté, que l'assuré cédant aggrave son obligation et s'engage à l'égard du cessionnaire à lui faire avoir la totalité de la créance assurée par la continuation du versement des primes. C'est toute notre théorie aussi vraie en matière de cession à titre gratuit que de cession à titre onéreux.

Outre la cessation du paiement des primes il est entre l'assureur et l'assuré une autre cause volontaire de résolution du contrat ; nous voulons parler du suicide de celui sur la tête duquel repose l'assurance, lorsque le suicidé est en même temps l'assuré cédant lui-même. Nous avouons qu'à considérer le suicide comme un acte de libre volonté il nous parait juridiquement bien difficile de ne point rendre le suicidé responsable dans son patrimoine d'un fait volontaire par lequel il porte préjudice à son cessionnaire.

Nous reconnaîtrons encore à un premier cessionnaire le droit de transmettre à son tour le bénéfice d'un contrat d'assurance. Il est bien vrai que les statuts des Compagnies d'assurances disposent généralement que « si le titulaire n'est pas en même temps celui sur la tête duquel repose l'assurance, le consentement de ce dernier doit être exigé à chaque transfert et notifié à l'assureur. » Mais il nous semble que cette convention ne peut avoir d'effet qu'entre l'assureur et l'assuré auxquels elle est personnelle, et aucun à l'égard des tiers. C'est dire que cette insertion dans les statuts est inutile. L'assurance, comme toutes créances, peut donc faire, suivant les règles ordinaires, l'objet de cessions successives.

Une dernière question, exclusivement spéciale à notre contrat, nous reste à examiner. Peut-on appliquer à une police d'assurance en matière de transmission les règles du droit commercial, et se soustraire ainsi aux formalités plus rigoureuses du droit civil ?

En pratique, les polices d'assurances stipulent généralement que le capital assuré sera payable *à ordre* et par voie d'endossement. La jurisprudence admet aujourd'hui la validité même à l'égard des tiers de ce mode de transmission exclusivement commercial. Nous ne saurions nous rallier à son opinion.

Tout d'abord cette stipulation accessoire ne saurait donner au contrat le caractère d'un acte commercial, elle le laisse contrat purement civil, et ne peut partant le soustraire aux règles du droit civil pour le faire bénéficier des règles exceptionnelles du droit commercial. Considéré en lui-même, le contrat d'assurance en cas de décès ne rentre, *a priori,* dans aucune catégorie des actes qualifiés commerciaux dans les articles 632 et 633, Code de Commerce. Il n'y a pas lieu de l'assimiler au contrat d'assurance maritime qui n'est exclusivement prévu et réglementé qu'à l'occasion du commerce. De plus il n'est pas généralement consenti entre commerçants. Pour l'assuré ce point est incontestable. Pour l'assureur, généralement une Compagnie, il faut reconnaître qu'il cherche bien à réaliser un bénéfice en spéculant sur les chances de la mortalité ; mais, outre que l'on peut soutenir que les actes auxquels il se livre habituellement n'étant point des actes de commerce prévus par la loi, il n'est point commerçant, il suffit que le contrat reste civil à l'égard de l'assuré, pour qu'à son égard du moins il ne tombe pas sous l'empire de la loi commerciale.

D'autre part, et plus spécialement, les articles 136 et 137, Code de commerce, qui admettent l'endossement au nombre des modes de transmission de propriété, le restreignent à la lettre de change, qui est présumée légalement acte commercial entre toutes personnes, art. 632, § 7, Code de commerce, et au billet à ordre, art. 187, Code de commerce. Sans doute considérant que ces deux articles n'étaient point limitatifs, la pratique a étendu le bénéfice de l'endossement aux chèques et aux warrants, avant que la loi ne les ait formellement reconnus négociables par cette voie (lois de 1856 et de 1865). Sans doute, elle applique encore à tort ou à raison semblable faveur à divers titres tels que les connaissements, lettres de voitures, polices d'assurances maritimes, actions et obligations d'entreprises même civiles. Mais si la jurisprudence a cru, devançant ainsi la loi, devoir étendre ainsi ses dispositions, elle l'a fait cédant à des considérations qui ne semblent point militer en notre espèce. Ce sont là, en effet, des titres de propriété créés pour faciliter les transactions commerciales ou dont la valeur ne dépend que de la facilité avec laquelle ils entrent dans la circulation. Toute autre est la propriété d'une police d'assurance en cas de décès. Loin d'avoir pour but de créer un objet de spéculation, le contrat semble plutôt tendre à la création d'une propriété personnelle n'ayant rien à gagner à être lancée dans la circulation. En faire une valeur commerciale serait donc aller à l'encontre de l'intention des parties et même faire naître des dangers pour l'institution.

Bien certainement entre les parties contractantes la convention par laquelle elles déclarent qu'à leur encontre la propriété de la police sera transmise par simple endossement ne peut être considérée comme illicite. Le débiteur s'engage simplement à ne pas exiger d'autres preuves du changement de créancier, le créancier à ne point exiger personnellement le paiement lorsqu'il aura endossé son contrat à un tiers. De même entre le cédant et le cessionnaire ; il y a même plus qu'un consentement réciproque, il y a même une formalité observée et qu'ils ont remplie, *ad probationem*, seulement. Entre eux encore, la propriété de la police est valablement transférée.

Mais où la question prend de l'importance, c'est à

l'égard des tiers. Le mode de transmission stipulé est pour eux, *res intera lios acta*. Que les parties contractantes se soient mises d'accord pour se soustraire aux formes ordinaires de la cession de créance, peu importe, mais elles n'ont pu, de leur seule autorité, supprimer les garanties que la loi a créées contre eux et en faveur de ces tiers, c'est-à-dire les formalités exigées par l'art. 1690, Code civil, qui dispose que le cessionnaire d'une créance n'est saisi à l'égard des tiers que par la signification du transport faite au cédé. Il n'y a pas lieu d'examiner l'efficacité de ces garanties légales, la loi a voulu prendre des précautions en faveur des tiers ; une convention à laquelle ils ne figurent pas ne saurait les en priver. Aussi croyons-nous que la cession d'une police d'assurance vie entière, bien que stipulée cessible par voie d'endossement, ne serait point opposable aux tiers sans la signification du transport faite à l'assureur, autrement dit, au débiteur de la créance cédée.

Diverses décisions semblent cependant fixer la jurisprudence en sens contraire depuis quelques années. Ces décisions ne nous paraissent point plus certaines qu'un fameux jugement du Tribunal de Lyon, du 16 mars 1868, qui admet comme valable et opposable aux tiers la cession par endossement d'une créance civile constatée dans un acte notarié contenant stipulation de cette faculté. Le danger est grand, surtout en présence de la clause additionnelle des polices rappelant que, bien que stipulée cessible par endossement à l'égard de l'assureur, la loi exige d'autres formalités à l'égard des tiers. Les tribunaux n'ont même point tenu compte de cette restriction.

Cette doctrine amène un grand nombre de questions communes à la matière et à toutes autres cessions commerciales par endossement, notamment au point de vue de l'effet des endossements irréguliers et du nantissement. Nous n'avons point à les examiner comme ne renfermant rien de spécial à notre sujet. Bien plus, et avec une certaine inconséquence tout en étendant aux polices d'assurances les règles édictées par le Code de commerce pour la transmission des billets à ordre, la jurisprudence refuse de leur en appliquer la plupart des conséquences. C'est ainsi qu'elle ne reconnaît point au porteur, en cas de transmissions successives, un recours solidaire contre tous les endosseurs, qu'elle ne lui inflige pas de déchéance faute de protêt ; qu'elle lui refuse en cas de perte le droit de réclamer aux termes de l'art. 152, Code de commerce, le paiement immédiat en fournissant caution, qu'elle ne lui applique non plus la prescription de cinq ans.

C'est donc là une jurisprudence mal établie, sujette à des retours et contre laquelle il faut se tenir en garde.

POSITIONS

DROIT ROMAIN

I. Le pacte nu engendre une obligation naturelle. Le pari, consenti à propos d'un jeu prohibé, n'engendre même point d'obligation naturelle (Paul, sent. 1-1 § 4).

II. La Constitution 1re de Justinien, au Code, *de aleatoribus*, ne refuse point, mais accorde au contraire la répétition au joueur qui aurait payé après avoir à un jeu permis, parié plus que ne le permet la Constitution.

III. Sous Justinien, malgé le silence des Constitutions, il était encore, comme sous l'édit, permis de jouer à un jeu de hasard, le prix des aliments consommés en commun (Dig. *de aleat*, XI. V. 4).

IV. Il y a lieu dans le texte de Paul cité au Digeste, *de aleat* XI. V. 4, de substituer le mot *aleâ*, au mot *familiæ* adopté par la leçon florentine.

V. L'erreur dans le paiement était, en principe, nécessaire pour avoir droit à la *condictio indebiti*; c'est par exception qu'elle est accordée au joueur, qui a payé sciemment sa perte.

VI. La *condictio indebiti* n'était point accordée à celui qui avait payé par une erreur de droit.

DROIT CIVIL.

1° Le contrat d'assurance, *vie entière*, n'est et ne peut être un véritable contrat d'assurance.

2° Le contrat d'assurance, *temporaire*, sur la vie, n'est et ne peut être qu'un véritable contrat d'assurance.

3° Le contrat d'assurance contracté sur la vie d'un tiers est valable. Il n'est point nécessaire de justifier d'un intérêt même initial à la conservation de la vie de ce tiers. Il n'est point nécessaire non plus de justifier du consentement de ce tiers.

4° Dans le contrat d'assurance vie entière, l'obligation de l'assureur n'est point *conditionnelle*, mais à *terme incertain*. Elle est *conditionnelle* dans le contrat d'assurance temporaire.

5° Le mineur, qui sans autorisation aurait contracté une assurance sur la vie, ne sera restituable qu'au cas où, lors de la passation du contrat aléatoire, une lésion serait établie avoir existé à son égard relativement aux conditions ordinaires du contrat d'assurances sur la vie.

6° L'article 1121, Code civil, ne renferme point d'exceptions proprement dites au principe posé par l'article 1119, à savoir que l'on ne peut valablement stipuler pour autrui.

7° Le tiers, au profit duquel a été stipulée une assurance sur la vie et qui a accepté, peut contraindre l'assuré à continuer le versement des primes, bien que le contrat d'assurance lui ait réservé la faculté de le cesser à son gré.

8° Les enfants, héritiers ou ayants cause désignés comme bénéficiaires d'un contrat d'assurance sur la vie, sont des personnes incertaines. Ils n'ont droit à la somme assurée que *jure hereditario.*

9° Le bénéfice de l'assurance en cas de décès contractée pendant le mariage par le mari au profit de la femme commune, ne constitue point une créance contre l'assureur *propre* à cette dernière, mais il tombe d'abord en communauté et n'en sort que par l'effet d'une donation entre époux d'un bien commun.

10° La donation entre époux pendant le mariage n'est point révoquée par le prédécès du donataire.

11° En cas d'assurance contractée réciproquement et dans un même acte par les deux époux communs au profit du survivant, le contrat principal d'assurance est valable, mais la libéralité réciproque faite entre les deux époux est nulle.

DROIT COMMERCIAL

1° Le syndic de la faillite peut continuer l'assurance sur la vie contractée par le failli sur sa tête ou sur celle d'un tiers contre le gré du failli lui-même.

2° En cas de faillite ou de déconfiture, de l'assureur sur la vie, l'assureur ne peut exciper du bénéfice des art. 444, Code de commerce, et 1188, Code civil, qui édictent la déchéance du terme au profit des créanciers, pour exiger le paiement immédiat de la somme assurée. Il ne peut que produire à la faillite pour le montant des primes versées et leurs intérêts capitalisés, ou consentir à la continuation du contrat.

3° Le bénéfice de l'assurance sur la vie stipulée au profit d'un tiers, au cas de faillite du stipulant, tombe dans la masse de la faillite, si celle-ci est déclarée, avant l'acceptation du tiers dûment signifiée à l'assureur.

LÉGISLATION INDUSTRIELLE

1° La femme mariée sous le régime de la communauté ne peut, sans l'autorisation maritale, exercer ses droits d'auteur sur l'ouvrage par elle composé. L'autorisation du mari peut être suppléée par celle de justice.

2° L'État peut valablement obtenir la propriété d'un brevet d'invention.

3° On ne peut demander et obtenir en France un brevet valable pour une invention qui a déjà fait l'objet d'une demande de brevet à l'étranger.

Vu et approuvé :

Lyon, le 2 juin 1883.

Le Doyen, CAILLEMER.

Le Président de la thèse, ENOU.

Permis d'imprimer :

Lyon, le 4 juin 1883.

Le Recteur de l'Académie,
E. CHARLES.

Imp. Waltener et Cie, rue Belle-Cordière, 14. — Lyon.

www.ingramcontent.com/pod-product-compliance
Ingram Content Group UK Ltd.
Pitfield, Milton Keynes, MK11 3LW, UK
UKHW022103190726
13855UKWH00002B/615

9 782013 070560